LE VIGNOLE DE POCHE,

OU

MÉMORIAL DES ARTISTES, DES PROPRIÉTAIRES ET DES OUVRIERS,

CONTENANT

LES REGLES DES CINQ ORDRES D'ARCHITECTURE;

Dessiné et gravé par THIERRY fils, Architecte-Graveur.

PARIS.

AUDOT, LIBRAIRE-EDITEUR,

RUE DES MAÇONS-SORBONNE, N° 11.

1823.

[illegible] DE J. TASTU, RUE DE VAUGIRARD, N° [illegible]

LE VIGNOLE

DE POCHE.

IMPRIMERIE DE J. TASTU,
RUE DE VAUGIRARD, N° 36.

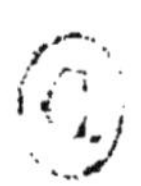

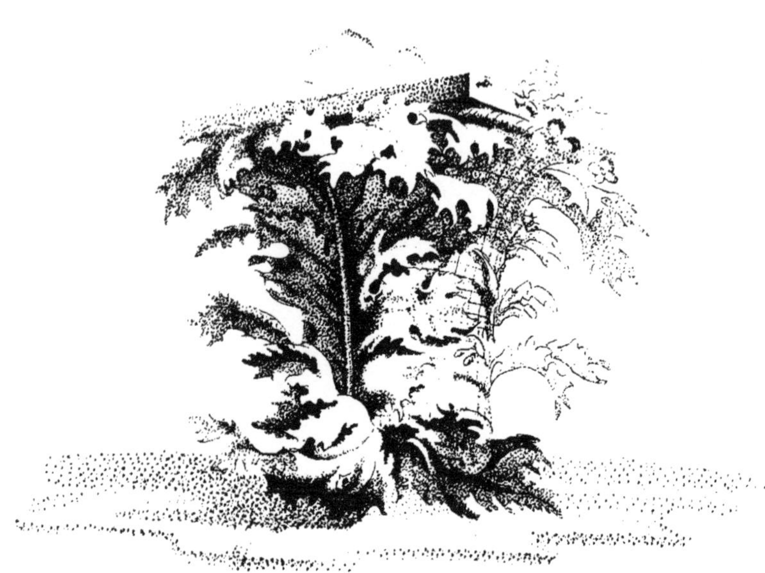

Origine du Chapiteau Corinthien.

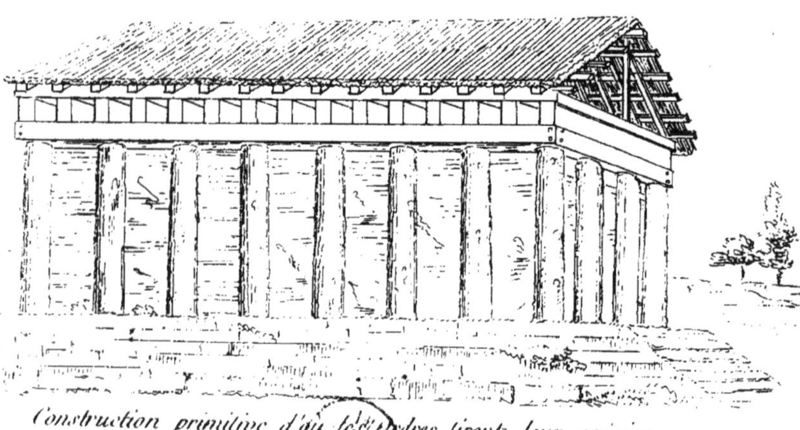

Construction primitive d'où les Ordres tirent leur origine.

LE VIGNOLE

DE POCHE,

OU

MÉMORIAL DES ARTISTES,

DES PROPRIÉTAIRES ET DES OUVRIERS,

CONTENANT

LES RÈGLES

DES CINQ ORDRES D'ARCHITECTURE;

Dessiné et gravé par THIERRY fils, Architecte-Graveur.

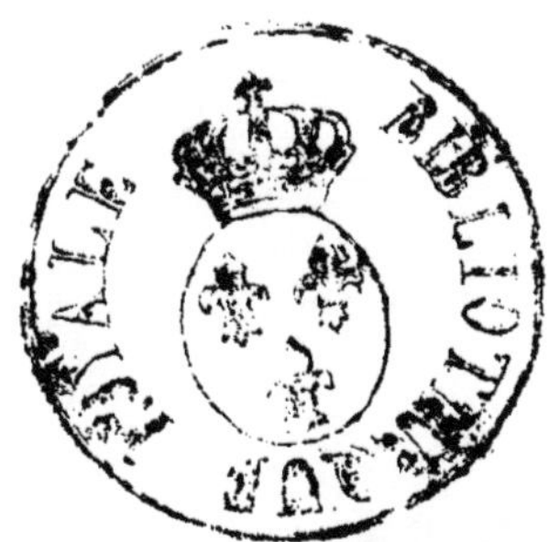

PARIS.

AUDOT, LIBRAIRE-ÉDITEUR,

RUE DES MAÇONS-SORBONNE, N° 11.

1823.

DES ORDRES
D'ARCHITECTURE.

Ce furent vraisemblablement les troncs d'arbres qui soutenaient les toits des anciens bâtimens qui fournirent la pensée des premières colonnes de pierre et de marbre dont on les décora par la suite, et non la proportion humaine, comme quelques-uns l'ont prétendu. En effet, quelle relation une colonne peut-elle avoir véritablement avec la structure de l'homme? La tête et les pieds ont-ils un rapport avec le chapiteau et la base? Les hanches et les autres parties du corps ont-elles quelque correspondance avec son fût? Il est au contraire plus naturel de penser que les arbres seuls ont suggéré l'ordonnance générale des colonnes : le tronc de l'arbre qui va en diminuant du bas en haut a donné l'idée du fût; l'étêtement de la naissance des branches à l'extrémité du tronc, faisant un enfourchement où il reste quelquefois des feuilles, a fait naître la pensée du chapiteau. De plus, les racines qui forment souvent au pied des arbres une espèce de bourrelet ou d'empatement, ont produit la représentation des bases.

Les entablemens tirent de même leur origine de la

construction des planchers et des toits : les architraves représentent les pièces de bois horizontales qu'on mettait d'un pilier à l'autre pour soutenir le plancher; la frise exprime l'épaisseur du plancher et le bout des solives qui le composaient; enfin, la corniche n'est qu'une représentation de la saillie que l'on donnait à l'extrémité des pièces de bois inclinées qui formaient le toit, afin de faciliter l'écoulement des eaux, sans faire tort au bâtiment (*).

Les Égyptiens, qui se servirent les premiers de colonnes, les firent d'abord très-matérielles et beaucoup plus grosses qu'il ne fallait, par rapport à leur élévation, ainsi qu'on le remarque dans les ruines de leurs plus anciens édifices. Ce furent les Grecs qui commencèrent à leur donner une grosseur relative à leur hauteur et au poids qu'elles devaient porter; en conséquence ils différencièrent la proportion en solide, moyenne et délicate, et établirent trois genres de colonnes en rapport avec ces diverses manières, lesquelles ont retenu les noms des localités où elles ont été inventées.

Cette nouveauté heureuse ayant été universellement applaudie, ces peuples, à force d'études et de combinaisons, parvinrent à trouver des proportions agréables pour les diverses ordonnances d'architecture, relativement aux caractères de solidité, d'élégance et de légèreté qu'ils avaient institués. Ce beau une fois

---

(*) Patte, *Mémoires sur l'Architecture.*

trouvé, on examina comment il parvenait à opérer son effet : on approfondit, par voie de comparaison, pour quelle raison certaines proportions produisaient un aspect plus satisfaisant que d'autres, pourquoi l'on en voyait qui plaisaient généralement, tandis qu'il y en avait qui semblaient blesser les yeux. De ces parallèles et de ces observations sont résultées les premières règles que l'on s'est appliqué depuis à développer.

DÉNOMINATION DES ORDRES.

Les cinq ordres d'architecture sont : le Toscan, le Dorique, l'Ionique, le Corinthien et le Composite.

Le Toscan se connaît par la simplicité de ses membres.

Le Dorique, par les triglyphes qui ornent la frise de son entablement.

L'Ionique, par les volutes du chapiteau de sa colonne.

Le Corinthien, par les feuilles du chapiteau de sa colonne.

Le Composite, par les feuilles du Corinthien, réunies aux volutes de l'Ionique, qui ornent le chapiteau de sa colonne.

Un ordre parfait doit avoir trois parties principales : le piédestal, la colonne et l'entablement.

Le piédestal se divise en trois parties : la base, le dé et la corniche.

La colonne se divise aussi en trois parties : la base, le fût et le chapiteau.

L'entablement se divise de même en trois parties : l'architrave, la frise et la corniche.

La planche première représente les cinq ordres sur une même hauteur.

Cette hauteur étant donnée, on la divise en dix-neuf parties égales : on en donne quatre au piédestal, douze à la colonne, et trois à l'entablement, c'est-à-dire que le piédestal est le tiers de la colonne, et l'entablement le quart : telles sont les proportions que Vignole leur a données d'après les observations qu'il a faites scrupuleusement dans les plus beaux édifices antiques, et qui ont presque toujours été suivies depuis par les plus habiles architectes.

La hauteur de la colonne fixée, lorsqu'on a déterminé l'ordre qu'on veut élever, si c'est l'ordre toscan, il faut diviser cette hauteur en sept parties égales; si c'est l'ordre dorique, en huit; si c'est l'ordre ionique, en neuf; et enfin, si c'est l'ordre corinthien ou composite, en dix; et chacune de ces sept, huit, neuf ou dix parties égales fera le diamètre de l'ordre que l'on veut élever.

Le diamètre ayant été déterminé, il faut le diviser en deux parties égales, dont chacune sera ce qu'on appelle le module ou unité de l'échelle du dessin dont on s'occupe. Le module se divise pour les deux premiers ordres en douze parties ou minutes, et poúr les trois autres en dix-huit parties pour éviter les fractions.

Le système de diminution de la colonne le plus généralement adopté est celui qui commence au tiers inférieur du fût entre base et chapiteau.

Pour tracer convenablement un ordre, on fera bien de commencer par déterminer les principales hauteurs; on portera ensuite les saillies, afin de pouvoir profiler chaque ordre suivant les dimensions adoptées, et que nous allons détailler séparément.

Ordre toscan. *Planches* 2 *et* 3.

Cet ordre doit son origine à des anciens peuples de Lidye, venus d'Asie en Italie pour peupler la Toscane. Tous les membres de cet ordre portent un caractère de rusticité. Sa colonne a de hauteur sept fois son diamètre. On en conclut, comme nous l'avons dit précédemment, le module qui doit former l'échelle à l'aide de laquelle l'ordre est tracé; et comme il est le plus facile de tous, nous joindrons à la table des membres et moulures qui le composent une description particulière de la planche correspondante.

MEMBRES DE MOULURES qui composent l'ordre.			HAUTEURS	SAILLIES à partir de l'axe.
ENTABLEMENT.			part.	p.
Amortissem.		revers d'eau.	2	27 1/2
Corniche A. 16 parties.	cimaise supér.	quart de rond. .	4	24 »
		baguett.	1	23 1/2
		filet. . . .	1/2	22 1/2
	larmier. .	congé . .	1	22 1/2
		larmier.	5	22 1/2
		canal. . .	1	21 »
		mouch. .	1/2	19 1/2
		filet . . .	1/2	14 »
	cimaise infér. . .	talon. . .	4	13 1/2
Frise B. 14 p.	. . . .		14	9 1/2
Architr. C. 12 p.	filet. . . .	listel. . .	2	11 1/2
	plate-bande.	congé .	2	9 1/2
		face. . .	8	9 1/2

La hauteur du canal est prise sur le larmier, et celle de la mouchette dans la hauteur du filet.

MEMBRES DE MOULURES qui composent l'ordre.			HAUTEURS.	SAILLIES à partir de l'axe.
COLONNE.			part.	p.
Chapiteau D. 12 parties.	tailloir . .	filet . . .	1	14 1/2
		congé . .	1	13 1/2
		larmier.	2	13 1/2
	cimaise. .	quart de rond. .	3	13 1/2
		filet . . .	1	10 1/2
		congé . .	1	9 1/2
	gorgerin.		3	9 1/2
Fût. 12 modul.	astragale.	baguette	1	11 »
		filet . . .	1/2	10 1/2
		congé. .	1	9 1/2
	fût	fût. . . .	11 m. 8 p.	9 1/2
		congé . .	1 1/2	12 »
Base E. 12 p.	. . . .	filet . . .	1	13 1/2
		tore . . .	5	16 1/2
		socle . .	6	16 1/2
PIÉDESTAL.				
Corn. G. 6 p.	cimaises.	listel . .	2	20 1/2
		talon . .	4	20 »
Dé F. 44 p.	. . . .	socle . .	3 m. 6 p.	16 1/2
		congé . .	2	16 1/2
Base. 6 p.	. . . .	filet . . .	1	18 1/2
		socle. .	5	20 1/2

Après avoir construit l'échelle des modules de manière à ce que la hauteur totale de l'ordre puisse être renfermée dans le papier qu'on emploie, on tracera la base du piédestal, planche 1 : sur le milieu de cette base on élèvera une perpendiculaire formant l'axe de la colonne. On tirera ensuite des parallèles à la base, suivant les dimensions en hauteur indiquées au tableau précédent, en observant que pour opérer plus juste il vaut mieux ajouter aux précédentes dimensions, que de les prendre l'une après l'autre sur l'échelle.

Ainsi, l'on portera de part et d'autre au-dessus de la ligne de base 4 mod. 8 p. avec le compas, pour obtenir le dessus du piédestal; 5 mod. 8 p. pour le dessus du filet de la base de la colonne; 17 mod. 8 p. pour le dessus de l'astragale de la colonne; 18 mod. 8 p. pour le dessus du chapiteau; enfin, 22 mod. 2 p. pour le dessus de la corniche de l'entablement.

Ces principales divisions une fois déterminées, on trouvera facilement les subdivisions de chaque partie à l'aide du tableau. Cela fait, il ne reste plus qu'à fixer les saillies. Elles sont indiquées sur le même tableau, à partir de l'axe; et sur la planche n° 3 de détails, à partir du nud de l'entablement.

Les profils qui en résultent doivent toujours se faire des deux côtés en même temps, par la raison qu'une même ouverture de compas portée partout où elle est la même, est beaucoup plus juste que prise à différentes fois. La même planche n° 3 donne le tracé des différentes moulures qui entrent dans la composition des membres de l'ordre.

Ordre Dorique. *Planches 4, 5 et 6.*

L'ordre dorique porte avec lui un caractère viril : c'est l'ordre par excellence et celui des héros.

Le bout des solives posées de champ pour former le plancher des premiers édifices, est représenté par les triglyphes, dont l'intervalle de l'un à l'autre, figuré par les métopes actuels, formait un carré parfait. Le bout de ces solives coupées et mises en place presque en même temps rendait une eau qui formait des écoulemens représentés par les canaux de ces triglyphes, et qui se répandait à l'extrémité goutte à goutte, ce que figurent encore les gouttes au-dessous de ces mêmes triglyphes.

L'entablement dorique est de deux sortes, l'une appelée mutulaire, l'autre denticulaire.

Le premier est tiré des antiquités romaines; il est orné de mutules, espèces de larmiers saillans qui servent de couronnement aux triglyphes.

La frise comprend les triglyphes d'un module de largeur, subdivisés de demi-canaux et de canaux entiers; ils doivent être placés à-plomb des colonnes, et être éloignés l'un de l'autre d'un intervalle appelé *métope*, égal à la hauteur de la frise.

Le fût de la colonne est quelquefois orné de cannelures ou portions circulaires creusées dans sa masse au nombre de vingt, se touchant l'une l'autre et formant vives arêtes.

Le deuxième entablement dorique, appelé *denti-*

culaire, parce que sa corniche est ornée de denticules, est tiré du théâtre de Marcellus à Rome; il diffère du précédent par son architrave qui n'a qu'une seule plate-bande, et par sa corniche dont la cimaise inférieure porte un talon au lieu de quart de rond; le premier larmier des denticules, et la cimaise supérieure un cavet au lieu de doucine.

Planche 5. Entablement dorique mutulaire.

	MEMBRES DE MOULURES qui composent l'ordre.	HAUTEURS.	SAILLIES à partir de l'axe.		MEMBRES DE MOULURES qui composent l'ordre.	HAUTEURS	SAILLIES à partir de l'axe.
		p.	p.			p.	p.
A. Corniche. 18 parties.	filet de couronnement.	1	34	C. Archit. B. Frise. 18 p.	triglyphe.	18	10 1/2
	doucine	3	31		métope.	18	10
	filet.	1/2	31				
	talon.	1	30 3/4	12 p.	listel.	2	12
	larmier.	3 1/2	30		chapiteau des gouttes.	1/2	11 1/2
	talon.	1	29 1/2		gouttes.	1 1/2	11 1/2
	mutule.	3	28 1/2		première plate-bande.	6	10 1/2
	canal	1/2	28		2e plate-bande ou face.	4	10
	goutte du mutule. .	1/2	26	D. Plan d'un triglyphe sur une échelle double.			
	quart de rond. . . .	2	13 1/2	E. Plan des gouttes rondes et carrées.			
	filet.	1/2	11 1/2	F. Élévation d'un triglyphe et des gouttes.			
	chapiteau du triglyphe.	2	11				

Nous avons réuni sur la planche 7 les détails de l'ordre dorique avec entablement denticulaire; ils sont compris dans le tableau suivant.

	MEMBRES DE MOULURES qui composent l'ordre.	HAUTEURS.	SAILLIES. à partir de l'axe.
	ENTABLEMENT.		
		p.	p.
A. Corniche. 18 parties.	filet de couronnement	1	34
	cavet	3	31
	filet	1/2	30 1/2
	talon	1 1/2	30
	larmier	4	28 1/2
	canal ou verseau . .	1/2	27 1/2
	filet	1/2	25
	goutte sous le larmier.	1/2	23
	denticule	3	15
	filet	1/2	13
	talon	2	12 1/2
	chapiteau du triglyphe	2	11
B. Frise. 18 p.	triglyphe	18	10 1/2
	métope	18	10
C. Architrave. 12 parties.	listel	2	11 1/2
	chapiteau des gouttes.	1/2	11
	gouttes	1 1/2	11
	face	10	10

	MEMBRES DE MOULURES qui composent l'ordre.	HAUTEURS.	SAILLIES à partir de l'axe.
	COLONNE.		
		p.	p
D. Chapiteau. 12 parties.	listel	1/2	15 1/2
	talon	1	15 1/4
	tailloir	2 1/2	14
	quart de rond . .	2 1/2	13 3/4
	filet	1 1/2	11 1/2
	gorgerin	4	10
	astragale { baguette . .	1	11 1/2
	astragale { filet . . .	1/2	11
	astragale { congé . . .	1	10
	FUT DE LA COLONNE 14 MOD.	»	10
E. Base. 12 parties.	congé.	2	12
	filet	2/3	14
	baguette	1 1/3	14 3/4
	tore	4	17
	socle	6	17
	PIÉDESTAL.		
F. Cornich. 6 parties.	listel	1/2	23
	quart de rond . . .	1	22 3/4
	filet	1/2	21 3/4
	larmier.	2 1/2	21
	talon	1 1/2	18 1/2
	DÉ DU PIÉDESTAL 4 MOD.	»	17
G. Base. 10 parties.	congé	1	17
	filet	1/2	18
	baguette	1	18 3/4
	talon renversé . . .	2	19
	deuxième socle . . .	2 1/2	21
	premier socle	4	21 1/2

ORDRE IONIQUE. *Planche* 8, 9 *et* 10.

Cet ordre est ainsi nommé d'Ion, chef d'une colonie envoyée en Asie par les Athéniens, qui fit élever à Éphèse, l'une des treize grandes villes de Carie, trois temples de cet ordre, l'un à Diane, un à Apollon, et l'autre à Bacchus.

On l'appelle moyen, comme intermédiaire entre le Dorique et le Corinthien. Il est tiré des thermes de Dioclétien.

Les volutes de son chapiteau prirent naissance d'une écorce que l'on plaçait quelquefois entre l'extrémité supérieure de l'arbre et la tuile qui le couvrait pour le préserver de sa fraîcheur, et qui par la suite se tournait en forme de spirale ou volute.

Selon d'autres, le chapiteau fut composé à l'imitation des cheveux des femmes grecques, dont les boucles se tournaient en volute, ce qui leur fit dédier cet ordre.

Le tableau suivant comprend les différentes mesures des détails.

	MEMBRES DE MOULURES qui composent l'ordre.	HAUTEURS.	SAILLIES à partir de l'axe.
	ENTABLEMENT.		
		p.	p.
A. Corniche. 21 parties 1/2.	filet de couronnement.	1 1/2	46
	doucine ou cimaise supérieure.	5	»
	filet	1/2	41
	talon	2	40 1/2
	larmier	6	38 1/2
	filet en refouillement	1	29
	quart de rond	4	28 1/2
	baguette	1	25
	filet	1/2	24 1/2
	cordon des denticules.	1 1/2	21
	denticules	6	24
	filet	1	20
	talon ou cimaise infér.	4	19 1/2
B.	Frise	27	15
C. Architr. 22 p. 1/2.	Listel	1 1/2	20
	talon	3	19 2/3
	première face	7 1/2	17
	deuxième face	6	16
	troisième face	4 1/2	15
D.	chapiteau vu de côté	19	20
	ou par le coussinet	16	17 1/2

Les cannelures de la colonne de cet ordre sont séparées par un listel.

	MEMBRES DE MOULURES qui composent l'ordre.	HAUTEURS.	SAILLIES à partir de l'axe.
	COLONNE.		
		p.	p.
E. Chapit. 12 p.	filet	1	20
	talon	2	19 1/2
	listel	1	17 1/2
	canal de la volute	3	17
	quart de rond	5	22
	astragale. baguette.	2	18
	astragale. filet	1	17
	astragale. congé.	2	15
	Fût. 16 mod.	6	15
F. Base. 18 parties.	congé	2	18
	filet	1 1/2	20
	tore	5	22 1/2
	filet	1/2	20 1/2
	scotie	1 1/2	20
	filet	1/2	22
	deux baguettes	2	22 1/2
	filet	1/2	22
	scotie	1 1/2	21
	filet	1/2	24 1/2
	socle	6	25
	PIÉDESTAL.		
G. Cornich. 10 p.	filet	2/3	35
	talon	1 1/3	34 3/4
	larmier	3	33 1/2
	refouillement du larmier	1/2	22 1/2
	quart de rond.	3	29 1/2
	baguette	1	27
	filet	1	26 1/4
	congé	1 1/4	25
	Dé du piédestal. 4 mod.	12 3/4	1 m. 7
H. Base. 10 p.	congé	2	25
	filet	1	27
	baguette	1 1/3	28
	talon renversé	3	27 1/2
	filet	2/3	31 2/3
	socle	4	33

Tracé de la volute ionique. Planche 10.

Après avoir tracé les moulures du chapiteau, on établira l'œil de la volute, sur l'horizontale E, à la rencontre de la verticale D; puis on décrira de ce centre un cercle d'une partie de rayon, dont le diamètre vertical se nomme *cathète* et forme la diagonale d'un carré dont on partagera les côtés en deux parties égales. On tirera par ces points de subdivisions les axes 1, 3 et 2, 4, qui seront divisés chacun en six parties égales : chacun de ces points sera l'un des centres qui servira à décrire le trait extérieur de la volute.

En mettant la pointe du compas sur le point 1, on tracera avec une ouverture qui s'étendra jusqu'en D, le quart de cercle DA.

On se reportera au point 2, et ainsi de suite, suivant l'indication de la figure I, planche 9.

Pour avoir les centres du trait intérieur de la volute, on divisera en quatre parties les divisions qui ont servi au premier trait. La première subdivision au-dessous de chacun des premiers points servira de centre à l'intérieur du listel.

La hauteur totale de la volute, est de seize parties du module, dont neuf au-dessus de l'horizontale E, et sept au-dessous (*Planche* 10).

Ordre Corinthien. *Planches* 11, 12 *et* 13.

L'ordre Corinthien porte avec lui un caractère de délicatesse et d'élégance; toutes ses parties sont susceptibles de la plus grande richesse; sa colonne a de hauteur dix fois son diamètre.

Vitruve rapporte qu'une jeune fille de Corinthe étant morte à la veille de se marier, sa nourrice plaça sur son tombeau une corbeille remplie de petits vases et autres bijoux qu'elle avait aimés pendant sa vie, et les couvrit d'une tuile pour les préserver des injures de l'air. Il arriva qu'au printemps, lorsque les feuilles commencèrent à pousser, la corbeille se trouva environnée des feuilles d'une plante d'acanthe sur laquelle elle avait été posée par hasard : ces feuilles rencontrant la tuile s'étaient recourbées par leurs extrémités. Callimaque, sculpteur, passant près de là, vit la corbeille et les feuilles qui l'environnaient : il en fit un dessin qu'il imita avec art dans les colonnes qu'il fit élever depuis à Corinthe.

Le tableau suivant donne les détails de chaque partie de l'ordre.

	MEMBRES DE MOULURES qui composent l'ordre.	HAUTEURS.	SAILLIES à partir de l'axe.
	ENTABLEMENT.		
		p.	p.
A. Corniche. 36 parties.	filet de couronnement. . .	1	53
	doucine. . .	5	53
	filet	1/2	48
	talon	1 1/3	47 1/2
	larmier . . .	5	46
	talon	1 1/2	46 1/2
	modillon . .	6	45 1/2
	filet	1/2	28 1/2
	quart de rond .	4	28
	baguette . .	1	25
	filet	1/2	24 1/2
	denticules . .	6	24
	filet	1/2	20
	congé . . .	3	19 2/3
B. Frise. 27 part.	baguette . .	1	16 3/4
	filet	1/2	16 1/4
	talon	1 1/4	15
C. Architrave. 27 parties.	filet	1	20
	talon	4	19 2/3
	baguette. . .	1	17
	première face .	7	16 1/2
	talon	2	16 1/3
	deuxième face.	6	15 1/2
	baguette . . .	1	15 1/2
	troisième face .	5	15

Les cannelures de la colonne de cet ordre sont séparées par un listel.

	MEMBRES DE MOULURES qui composent l'ordre	HAUTEURS.	SAILLIES à partir de l'axe.
	COLONNE.		
		p.	p.
	Fût . . 16 mod.	12	»
E. Base de la colonne. 18 parties.	congé. . . .	2	18
	filet	1 1/2	20
	tore	3	22
	filet	1/4	20 1/2
	scotie. . . .	1 1/2	20
	filet	1/4	21 3/8
	deux baguettes.	1/2	22
	filet	1/4	21 5/8
	scotie. . . .	1 1/2	21 3/8
	filet	1/4	23
	tore	4	23
	socle	6	25
	PIÉDESTAL.		
F. Corniche. 14 parties 1/4.	filet	2/3	33 1/2
	talon	1 1/3	33 1/4
	larmier . . .	3	32
	gorge	1 1/4	30 3/4
	baguette . . .	1	26 1/2
	filet	3/4	25 3/4
	frise	5	25
	baguette . . .	1 1/4	26 7/8
Dé. 91 p. 1/2.	filet	3/4	26 1/4
	congé. . . .	1 1/2	25
	dé	87 1/4	25
	filet	1 1/2	25
	congé. . . .	3/4	26 1/4
G. Base. 14 p. 1/4.	baguette . .	1 1/4	25 1/4
	talon renversé.	3	25 5/8
	filet	1	30 3/4
	tore	3	32 1/2
	socle	6	32 1/2

Planches 10 *et* 12. Modillon corinthien.

Pour tracer le modillon corinthien, on établit d'abord le profil sur lequel il s'appuie, ainsi que le caisson qui orne le dessous du larmier. On porte ensuite six parties de hauteur sur seize de saillie pour le modillon. On construira une petite échelle, comme il est indiqué planche 10, de trois parties et demie de la grande; elle sera divisée en seize parties. La figure fait voir les dimensions à donner aux petits carrés dont les angles serviront de centre pour décrire les parties tournantes du modillon. Après avoir tracé la ligne AB, on la divisera en quatre parties égales par des lignes perpendiculaires, qui, rencontrant les verticales partant de A et de B, donneront des points pour tracer les arcs de cercle qui achèvent la forme du modillon.

La feuille d'acanthe qui supporte le modillon et le profil de la rosace qui orne le caisson se tracent également au compas.

Planche 13. Tracé du chapiteau corinthien.

Le plan est moitié de face et moitié sur l'angle. Après avoir tracé l'axe du plan correspondant à l'axe de l'élévation du chapiteau, on décrit un cercle de deux modules de rayons, que l'on subdivise en seize parties égales, dont chacune correspond au milieu de chaque feuille. Le vase du chapiteau est déterminé par un cercle de quatorze parties et demie de rayon; la figure indique les cercles qui terminent les feuilles montantes sur le vase.

L'élévation indique les hauteurs sur lesquelles les saillies du plan sont rapportées; au-dessus des feuilles sont les seize volutes, dont les huit grandes supportent les quatre angles du tailloir, et les huit petites supportent le bord inférieur du vase, ainsi que les quatre fleurons qui ornent les milieux du tailloir.

Les volutes, vues de profil, peuvent se tracer au compas; mais elles sont toujours décrites plus agréablement à l'œil et à la main qui en suivra les contours.

Les différentes parties du chapiteau sont indiquées comme il suit :

A. Plan des feuilles et du tailloir.
B. Plan des grandes et petites volutes.
C. Vase ou corps du chapiteau.
D. Premier rang de feuilles.
E. Second rang de feuilles.
F. Caulicole.
G. Grande volute.
H. Petite volute.
I. Fleuron.
K. Tailloir.
L. Bord du vase.

Ordre Composite. *Planches* 14, 15 *et* 16.

L'ordre Composite, ainsi appelé, parce qu'en effet il est composé des deux précédens, est d'une élégance moyenne entre eux; aussi tous les membres analogues à son caractère participent-ils du moyen de l'Ionique et de la délicatesse du Corinthien.

Cet ordre fut composé par les Romains lorsqu'ils élevèrent un arc de triomphe en l'honneur de l'empereur Titus, après la conquête de Jérusalem.

Le tableau suivant comprend le détail des membres de l'ordre.

	MEMBRES DE MOULURES qui composent l'ordre.	HAUTEURS.	SAILLIES à partir de l'axe.
	ENTABLEMENT.		
		p.	
A. Corniche. 36 parties.	filet du couronnement . . .	1 1/2	51
	doucine . . .	5	51
	filet	1	46
	talon	2	45 1/2
	baguette . . .	1	43 3/4
	larmier . . .	5	43
	doucine sous le larmier . . .	1 1/2	41
	filet	1	33
	talon	4	32 1/3
	filet des denticules	1/2	26
	denticule . . .	7 1/2	29
	filet	1	23
	quart de rond .	5	22
B. Frise. 27 part.	baguette . . .	1	16 1/2
	filet	1/2	16
	congé	1	15
C. Architrave. 27 parties.	filet	1	22
	cavet	2	20 1/2
	quart de rond .	3	20
	baguette . . .	1	17 3/4
	première face .	10	17
	talon	2	16 2/3
	deuxième face .	8	15

Les cannelures de la colonne de cet ordre sout séparées par un listel.

	MEMBRES DE MOULURES qui composent l'ordre.	HAUTEURS.	SAILLIES à partir de l'axe.
	COLONNE.		
		p	p.
	Fût . . 16 mod.	12	»
E. Base de la colonne. 18 parties.	congé	2	18
	filet	1 1/2	20
	tore	3	22
	filet	1/4	20 1/2
	scotie	1 1/2	20
	filet	1/4	21 1/3
	baguette . . .	1/2	21 3/4
	filet	1/4	21 1/3
	scotie	2	20 2/3
	filet	1/4	23
	tore	4	25
	socle	6	25
	PIÉDESTAL.		
F. Corniche. 14 parties.	filet	1/3	33
	talon	1 1/3	32 3/4
	larmier . . .	3	31 1/2
	doucine . . .	1 1/3	28 1/2
	filet	1/2	26 1/4
	cavet	1	25 1/4
	frise	5	25
	baguette . . .	1	27
Dé. 94 parties.	filet	1	26 1/4
	congé	1 1/4	25
	dé	88 3/4	25
	congé	2	25
	filet	1	26 1/2
G. Base. 12 parties.	baguette . . .	1	27 3/4
	talon renversé .	3	30 1/4
	filet	1	31 1/4
	tore	3	33
	socle	4	33

Planche 16. Tracé du chapiteau composite.

Le chapiteau composite participe des chapiteaux ionique et corinthien; il n'a que huit volutes qui reposent sur le second rang de feuilles, et remontent jusque dans le tailloir. Sa masse totale est la même que celle du corinthien. Les deux rangs de feuilles sont les mêmes, et par conséquent le corps du vase est de même grosseur.

Le tailloir qui couronne le chapiteau a aussi la même forme par son plan.

La volute de ce chapiteau, développée verticalement et vue de face, se trace comme la volute ionique; mais à cause de sa position, elle ne peut être bien décrite qu'à la main, guidée par l'œil.

On voit par le plan que ces volutes sont inclinées et prennent la courbure du tailloir.

On disposera le plan du chapiteau composite comme on a fait pour le chapiteau corinthien, en ayant soin de faire suivre en même temps pour l'élévation les points correspondans. Les parties du chapiteau indiquées planche 16 sont les suivantes :

A. Plan vu de face.
B. Plan vu sur l'angle.
C. Vase ou corps du chapiteau.
D. Premier rang de feuilles.
E. Second rang de feuilles.
F. Volutes.
G. Fleuron.
H. Tailloir.

Planche 17. Accord des ordres entre eux.

Pour comparer entre eux les ordres d'architecture, nous reprendrons la division donnée page 7 pour un ordre en général. Après avoir pris une ligne à volonté pour la hauteur de l'ordre toscan, et l'avoir divisée en dix-neuf parties égales, on en prendra quatre pour le piédestal, douze pour la colonne, et trois pour l'entablement.

Le module adopté pour l'ordre toscan étant le quatorzième de la hauteur totale de la colonne, il suit que les dix-neuf divisions de l'ordre entier seront ainsi subdivisées : Les quatre divisions du piédestal feront quatre modules huit parties; les douze divisions de la colonne feront quatorze modules; enfin, les trois divisions de l'entablement feront trois modules six parties.

La hauteur totale de l'ordre corinthien étant de trente-un modules douze parties, il faudra donc faire correspondre à la verticale représentant les dix-neuf divisions de l'ordre corinthien, une ligne qui aura pour hauteur trente-un modules douze parties; en sorte que les quatre divisions pour le piédestal auront de hauteur six modules douze parties, les trois divisions pour l'entablement auront cinq modules, et enfin les douze divisions de la colonne auront vingt modules.

Cela posé, si l'on espace à volonté les deux axes

des deux ordres toscan et corinthien, et que l'on élève à distances égales entre elles deux autres verticales pour former les axes des ordres dorique et ionique, les intersections de ces verticales avec l'oblique menée aux sommets des deux premières donneront les hauteurs correspondantes des parties des ordres intermédiaires, ainsi que l'indique la planche 17 sur laquelle ces parties sont cotées.

Comme l'ordre composite a les mêmes dimensions que l'ordre corinthien, on a disposé sur la même planche, à la place de l'ordre composite, les proportions du corinthien de Palladio, dont quelques monumens construits en Italie offrent l'application.

Entrecolonnement.

La planche 18 offre pour chaque ordre les distances qui doivent être gardées entre les axes des colonnes des portiques. Les planches 19, 20, 21, 22 présentent les élévations des colonnes, avec les cotes indiquant les mêmes distances.

Quoique les indications soient ainsi données par Vignole, nous pensons que plus les colonnes sont massives, et plus elles doivent être espacées; plus elles sont élégantes, et plus elles doivent être serrées : le moindre espacement qu'on ait donné dans l'antiquité est de trois modules, ou cinq d'axe en axe : ce devrait être celui du corinthien, tandis que l'espacement du toscan pourrait être de huit modules d'axe en axe. Les ordres intermédiaires auraient un espacement relatif.

Portiques et arcades.

Lorsque les soutiens isolés sont fort éloignés les uns des autres, on les réunit par des arcs, au lieu de les relier par des plate-bandes.

Les arcs doivent toujours reposer immédiatement sur la colonne, là où les arcades sont continues, et poser sur une architrave là où elles sont alternatives.

Si les arcs reposent sur des piédroits, soit qu'on les entoure d'une archivolte ou non, il faut toujours mettre une imposte pour recevoir la retombée de ces arcs : le profil d'une imposte ou d'une archivolte est le même que celui d'une architrave.

Les planches 18, 19, 20, 21 et 22 donnent le plan et l'élévation pour chacun des ordres d'un portique avec arcade sans piédestal.

Les planches 23, 25, 26, 27 et 28 donnent le plan et l'élévation pour les mêmes ordres d'un portique avec piédestaux.

La planche 24 comprend les détails des impostes et archivoltes des arcades pour chaque ordre, lorsqu'il est accompagné de piédestaux : cette planche forme le complément des détails d'arcades contenus sur les planches 2, 4, 8, 11 et 14.

Toutes ces planches offrent des dessins cotés qui complètent le tracé d'un ordre appliqué aux portiques et arcades.

Ordre Pestum. *Planches* 29, 30 *et* 31.

Quoiqu'on ait cherché à imaginer quelque nouvel ordre, tout ce qu'on a présenté jusqu'à ce jour rentre dans les ordres grecs et romains déjà connus : les ordres gothiques, persiques ou composés n'ont pas obtenu l'approbation générale; malgré l'adoption de l'ordre dorique présenté par Vignole, nous avons cru devoir joindre aux planches précédentes les détails de l'ordre dorique grec appliqué à l'un des temples de Pestum, qu'on dit avoir été dédié à Neptune.

On remarque, planche 31, que les entrecolonnemens des angles sont plus serrés que ceux du milieu. La corniche rampante ne contient point de modillons. On voit aussi un triglyphe aux angles de la frise, et dans cet exemple l'on n'a pas eu égard à l'à-plomb des colonnes pour le placement du milieu de chacun d'eux.

Les détails de la planche 29 font voir le nud de l'architrave en saillie sur l'extrémité du diamètre supérieur de la colonne, en quoi ce temple diffère des règles données par Vitruve.

La colonne a vingt-quatre cannelures qui se touchent à vive arête; les cannelures des triglyphes sont cintrées par le haut, et triangulaires en plan. On trouve aussi un modillon au-dessus de chaque métope comme au-dessus de chaque triglyphe.

On peut remarquer encore que les plafonds du larmier et des modillons (planche 30) sont inclinés suivant la pente du fronton (15 degrés), ce qui donne plus de hauteur apparente aux moulures inférieures de la corniche, et prouve que les anciens suivaient encore en cela l'origine de l'architrave, puisque les modillons ne sont autre chose que l'image des bouts de chevrons de la couverture.

Les gouttes que l'on voit sous les modillons dans le plan du plafond sont en creux, puisqu'on ne les voit pas en élévation.

Application et expression des Ordres.

Nous terminerons la description que nous avons donnée des différens ordres d'architecture, par les préceptes suivans que nous devons à l'auteur du Vignole moderne.

Dans l'origine primitive, les ordres furent consacrés à la décoration des temples pour distinguer ces monumens de la demeure des hommes; dans la suite, ils furent employés à la magnificence des villes et à manifester la grandeur des princes : aujourd'hui, on en abuse en les appliquant à nos maisons particulières; partout nous voyons sans distinction des colonnes et des pilastres; ce qui eût passé chez les Grecs et les Romains pour un déréglement d'imagination, est devenu de nos jours un objet d'émulation entre les artistes, et un moyen pour eux de trouver la récompense de leurs travaux. L'artiste doit toujours craindre d'asservir son art, et de s'écarter de la route en s'éloignant de l'esprit de convenance qui fait seule la véritable architecture.

Les Grecs, doués d'un génie heureux, avaient saisi avec justesse les traits qui caractérisent la nature; ils ont jugé qu'en imitation il y avait un choix à faire: avant eux les beautés de l'art ne consistaient que dans l'énormité des masses et l'immensité des entreprises: plus éclairés que leurs prédécesseurs, ils aimèrent mieux plaire que d'étonner, et crurent que l'unité et les proportions devaient faire la base de leurs productions. Dans la suite, lorsque les arts se furent réfugiés en Italie, on se porta en Grèce, on y creusa jusque dans les tombeaux; on apporta à Rome l'antiquité et toute sa splendeur; on étudia les ouvrages, on y recueillit des règles, des principes et des exemples sans nombre; enfin, l'imitation de l'antiquité fut pour les Romains ce que la nature avait été pour les Grecs; ils apprirent bientôt que son vrai but était de plaire, ce qui servit de guide à leur génie, et de règle à leurs compositions.

La connaissance des ordres d'architecture doit donc animer l'artiste et lui inspirer les belles proportions, l'accord et l'harmonie qui charment les sens. L'architecture, comme la poésie et la musique, est susceptible d'expression grave ou légère, riche ou simple; c'est elle qui donne à l'édifice un caractère convenable, qui embellit les cités, qui attire l'étranger et relève la gloire des nations. Là, s'élève un temple auguste et majestueux ; ici, un magnifique palais; plus loin, un superbe hôtel-de-ville.

L'artiste qui consacre ses veilles à l'étude des Ordres, apprend à distinguer leur vrai caractère, à les placer chacun convenablement, et à les supprimer à propos pour en substituer l'expression qu'il répand dans tous les membres, dans toutes les moulures et dans tous les ornemens qui concourent à la décoration des façades.

C'est dans l'étude de ces mêmes Ordres que les plus habiles architectes ont, comme dans une source féconde, puisé le germe des chefs-d'œuvre qu'ils ont produits, ouvrages élevés autant à leur propre gloire qu'à celle des nations qui ont encouragé leurs talens.

ORDONNANCE INTÉRIEURE
DES BATIMENS.

Superficies des		APPARTEMENS GRANDS ou de parade.	APPARTEMENS MOYENS ou de société.	APPARTEMENS PETITS ou privés.
Superficies des	vestibules	12 à 16 toises.	6 à 8 toises.	3 à 4 toises.
	antichambres	10 à 12	8 à 10	4 à 5
	salles	18 à 24	10 à 12	5 à 6
	salons	30 à 40	12 à 16	6 à 8
	chambres	20 à 25	10 à 12	5 à 6
	cabinets	12 à 15	4 à 6	2 à 3
	cages d'escaliers	20 à 30	6 à 8	3 à 4

Hauteur des étages.			
Hauteur des étages	caves	7 à 9 p.	Voûtes des caves, 15 à 20 pouces, et 4 à 6 de charge.
	rez-de-chaussée	10 à 15	
	entresol	7 à 8	
	premier	10 à 15	Planchers, 12 à 16 pouc., compris carrés ou pavés.
	deuxième	9 à 12	
	troisième	8 à 10	
	quatrième	7 à 8	

Escaliers, longueur des marches.								
Escaliers, longueur des marches	grands	5 à 6 pieds.	Marches. largeur	14 pouces.	13 -	12	11 -	10
	moyens	4 à 4 6 p.	Marches. hauteur	5	5 1/2	6	6 1/2	7
	petits	3 à 3 6						
	de dégagement	24 à 30 -						

Hauteur de rampe, 33 à 39 pouces.

Épaisseur des murs des maisons à loyer		
Épaisseur des murs des maisons à loyer	aux fondemens	27 à 36 pouc.
	au sol des caves	21 à 30
	au rez-de-chaussée	18 à 24
	au premier	16 à 20
	au plus haut	15 à 18

Murs et Cloisons		
Murs	de refend	15 à 18 pouc.
	de clôture de 9 à 12, au fond	20 à 22
	de clôture de 9 à 12, au sol	14 à 16
	de clôture de 9 à 12, au haut	13 à 15
Cloisons	de charpente	7 à 8
	légers	2 à 4

Puits. . . 30 à 33 po. — 12 à 15 — 3 à 4 pieds. — 16 à 18 pouc.

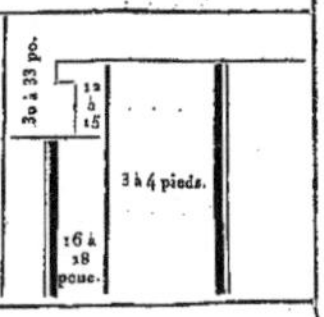

Portes				
Portes	cochères			8 à 9 pieds de large.
	bâtardes			4 à 5 *id.*
	d'appartemens	à deux ventaux	largeur	4 pi., 4 pi. 6, 5 pi.
			hauteur	8 9 10
		à un ventail	largeur	27 po., 30 33 po.
			hauteur	6 pi., 7 pi. 7 po. 1/2

Hauteur des appartemens, 7, 8, 9, 10, 12, 15 pieds.

Hauteur de la cimaise des lambris, 18, 30, 32, 33, 36 et 39 pouces.

Croisées				
Croisées	petites	31 po. 1/2 à 4 pi.	appuis	33 à 39 pouc.
	moyennes	4 1/2 à 4 9 po.	banquettes	13 à 15
	grandes	5 à 5 6	balcons	24 à 27

Châssis à tabatière pour les combles.
Hauteur. . . . 30, 36, 42 p.
Largeur. . . . 24, 27, 30

SUITE DE L'ORDONNANCE INTÉRIEURE DES BATIMENS.

			LARGEUR dans œuvre.	HAUTEUR de la tablette.	PROFONDEUR du jambage.	
CHEMINÉES.	pour les grandes pièces. pour les grandes pour les moyennes. pour les petites. pour les plus petites.		5 à 6 pieds - p. 4 à 4 6 3 pieds 9p. à 4 pi. 3 3 à 3 pi. 6 27 à 33 pouc.	3 pi. 6 p à 3 pi. 9 p.	27 à 30 pouces.	*Nota.* Autant de pieds cubes entre les jambages qu'il y a de toises cubes dans la pièce, et en tuyau le tiers de la superficie de l'âtre. Les tuyaux de 27 à 36 pouces de long sur 9 à 10 de large.
FOURS.	petits. moyens. grands.	3 pieds de diam. sur 4 1/2 id. 6 id.	24 po. haut. de chap. 16 id. 18 id.	Portes du four.	10 sur 15 de haut. 12 sur 20 15 sur 30	Fourneaux potagers, 28 à 30 pouces de hauteur et autant de largeur.
COURS.	au moins 24 pieds de côté pour faire tourner librement un carrosse.					
ÉCURIES.	simple. double. hauteur.	14 à 16 pieds. 25 à 35 9 à 12	Par cheval	de selle. de carrosse. Stales.	3 pieds 1/2 4 5 à 6	Les portes, de 4 à 5 pieds sur 8 de hauteur. *Nota.* Les poteaux d'œuvre placés à 9 pieds du ratelier.
REMISES.	simple. double.	8 à 9 pi. de larg. sur 24 à 28 id.	14 à 15 pi. de profon. 18 à 21 id.	et 9 à 10 pieds de hauteur.		Charretterie, de 9 à 10 pieds par travée sur 24 pieds de profondeur, et de hauteur 9 à 12 pieds.
ÉTABLES.	simple. double.	14 à 16 pieds. 24 à 28	de largeur, 4 pieds à 4 pieds 1/2. 6 à 9 pieds de hauteur par vache.			Portes, de 3 à 4 pieds sur 6 à 7 de hauteur.
BERGERIES.	par toise de superficie. hauteur.		8 à 10 moutons. 9 à 10 pieds.	Toit à porcs, de 6 à 7 pieds carrés. Cour de même grandeur pour chaque porc.		
COLOMBIER.	Diamètre.	3 à 4 toises.	Poulailler. 8 pieds sur 9 à 12 de hauteur suffisent pour 2[illegible] poules.			
GRANGES.	Largeur, 24 à 30 pieds. *Nota.* La toise cube contient 140 à 150 bottes de fourrage. L'arpent de prairie rapporte 150 à 200 bottes.	On peut compter sur 60 à 70 gerbes par toise cube. L'arpent rapporte de 200 à 300 gerbes.				
PRESSOIRS.	Pour pressoir à roue, 18 à 36 pieds. Pressoir à arbre, 20 à 24 sur 40 à 45 de large. 30 à 36 pieds pour moulin à écraser les pommes.					

Nota. Les dimensions et proportions que l'on donne aux différentes parties des édifices et bâtimens sont relatives à leur destination et à une infinité de circonstances. On a eu principalement en vue d'offrir des rapports qui facilitent la composition.

EU TÉRIEU

	PROFONDEUR du jambage.
CHEMINÉES. . . .	7 à 30 pouces.
FOURS.	sur 15 de haut. sur 20 sur 30
COURS. . . .	
ÉCURIES. . . .	3 pieds 1/2 4 " 6 "
REMISES. . . .	Charretterie, de 9
ÉTABLES. . . .	
BERGERIES. . .	it à porcs, de 6 à 7 ur de même grandeu
COLOMBIER.	teur suffisent pour 2

x différentes des rapports qui

Pressoir à a

n peut comp
arpent rappo
à 150 bottes

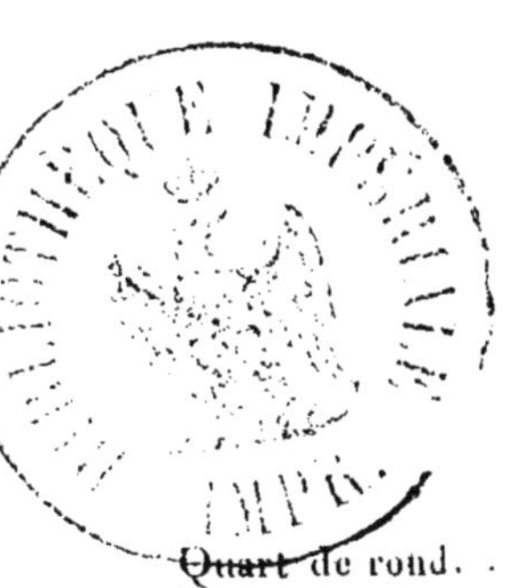

ERRATA.

Page 10.

ENTABLEMENT.

Quart de rond.		27 1/2
Baguette.		24 »
Filet.		23 1/2
Canal.		21 1/2

CHAPITEAU.

Quart de rond.		13 1/4

Page 14.

ENTABLEMENT.

Filet.		26 »
Goutte sous le larmier.		24 1/2

CHAPITEAU.

Trois filets.	1 1/2	
Baguette.		12 »
Filet.		11 1/2
Congé.	1 1/2	

Page 16.

ENTABLEMENT.

A. Corniche. 31 part. 1/2.	Filet en refouillement.		29 1/4
	Quart de rond.		28 1/4

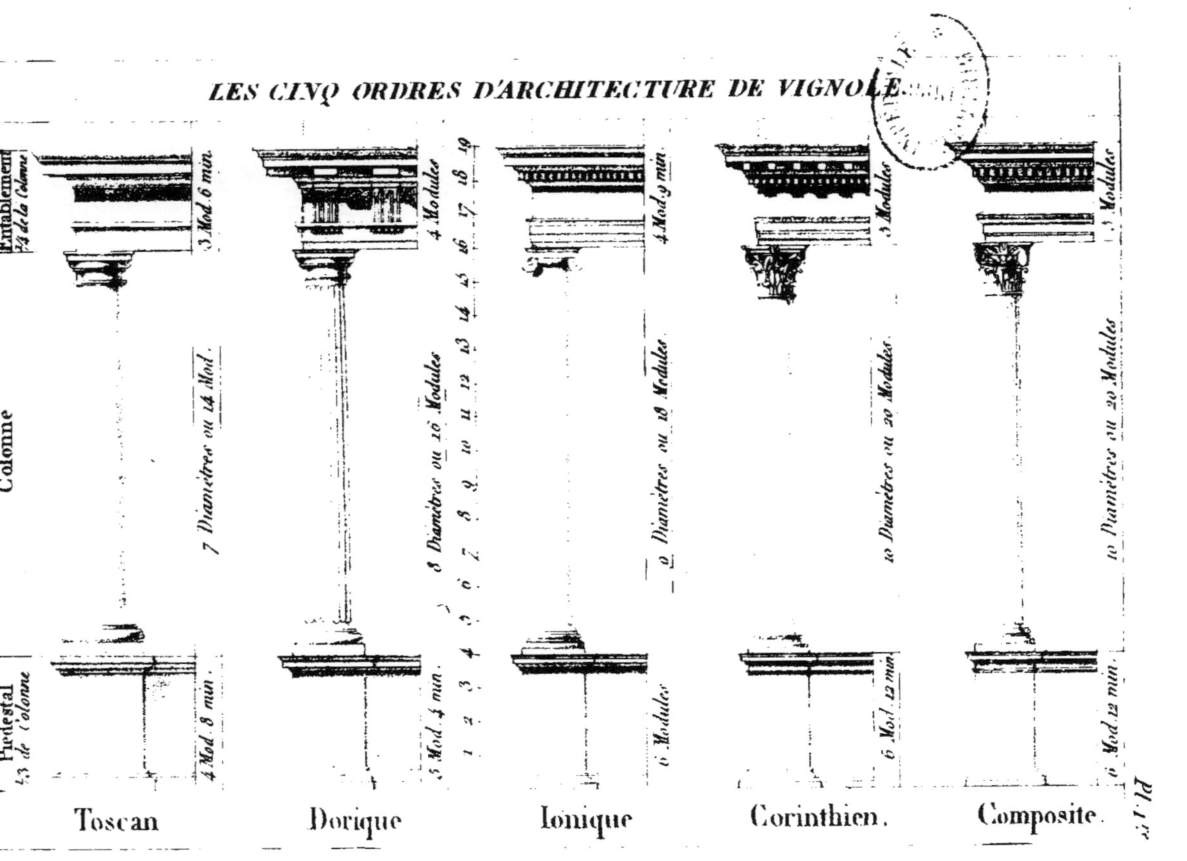
LES CINQ ORDRES D'ARCHITECTURE DE VIGNOLE.
Pl. 1re
Entablement
1/4 de la Colonne
Colonne
Piédestal
1/3 de Colonne
3 Mod. 6 min.
7 Diamètres ou 14 Mod.
4 Mod. 8 min.
4 Modules
8 Diamètres ou 16 Modules
5 Mod. 4 min.
1 2 3 4 5 6 7 8 9 10 11 12 13 14 15 16 17 18 19
4 Mod. 9 min.
9 Diamètres ou 18 Modules
6 Modules
5 Modules
10 Diamètres ou 20 Modules
6 Mod. 12 min.
5 Modules
10 Diamètres ou 20 Modules
6 Mod. 12 min.
Toscan
Dorique
Ionique
Corinthien.
Composite.

Entablement et Piédestal.

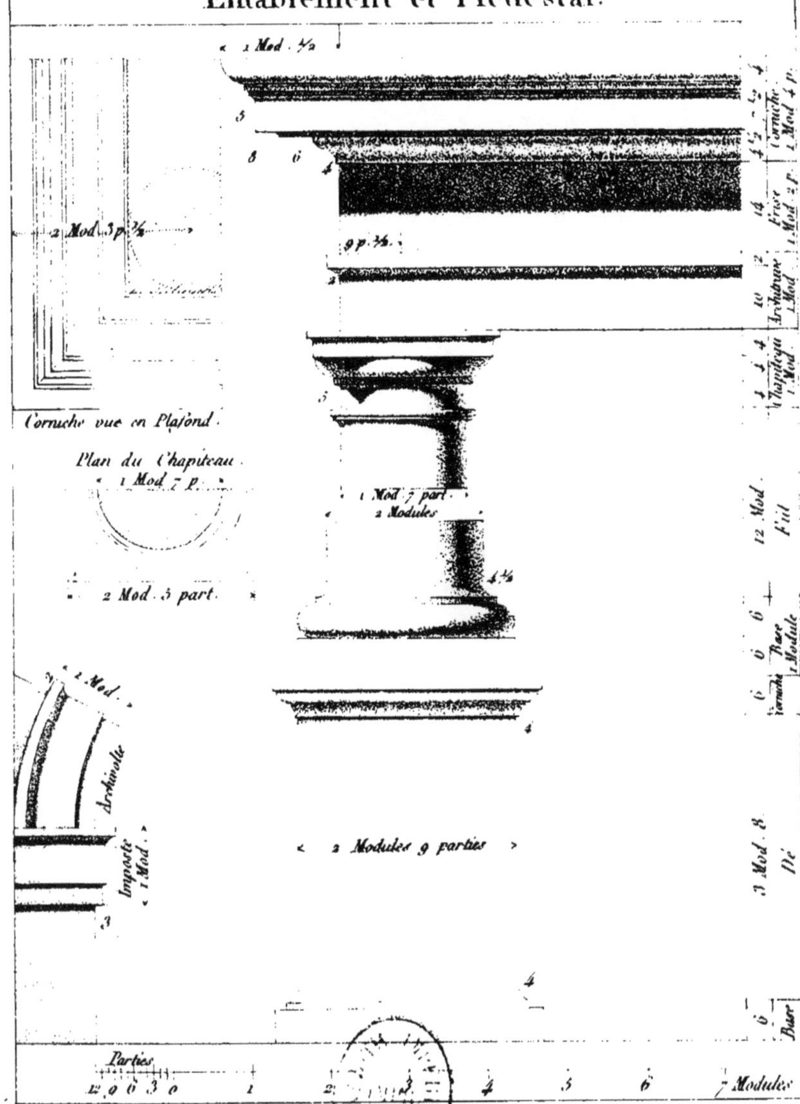

Détails de l'Ordre TOSCAN.

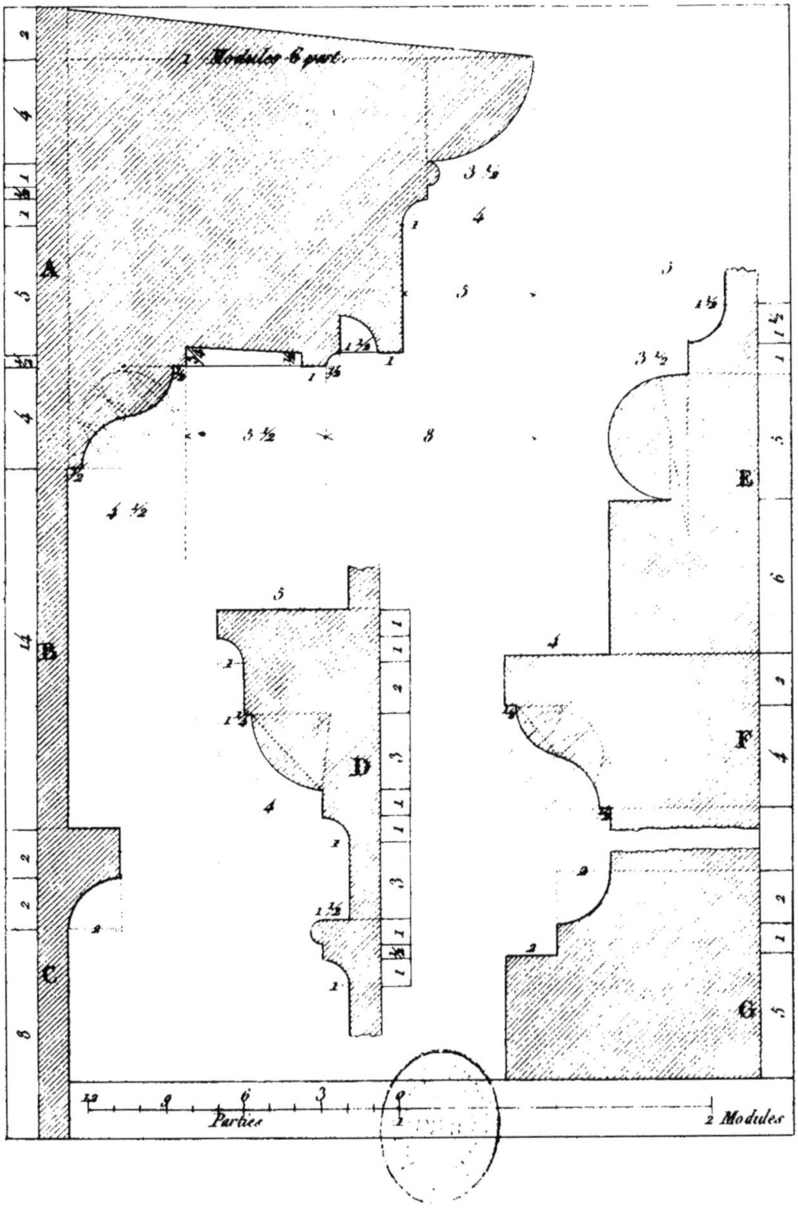

2 Modules 6 part.

A

B

C

D

E

F

G

12 9 6 3 0 1 2 Modules

Parties

ORDRE DORIQUE.

Entablement Mutulaire et Piédestal.

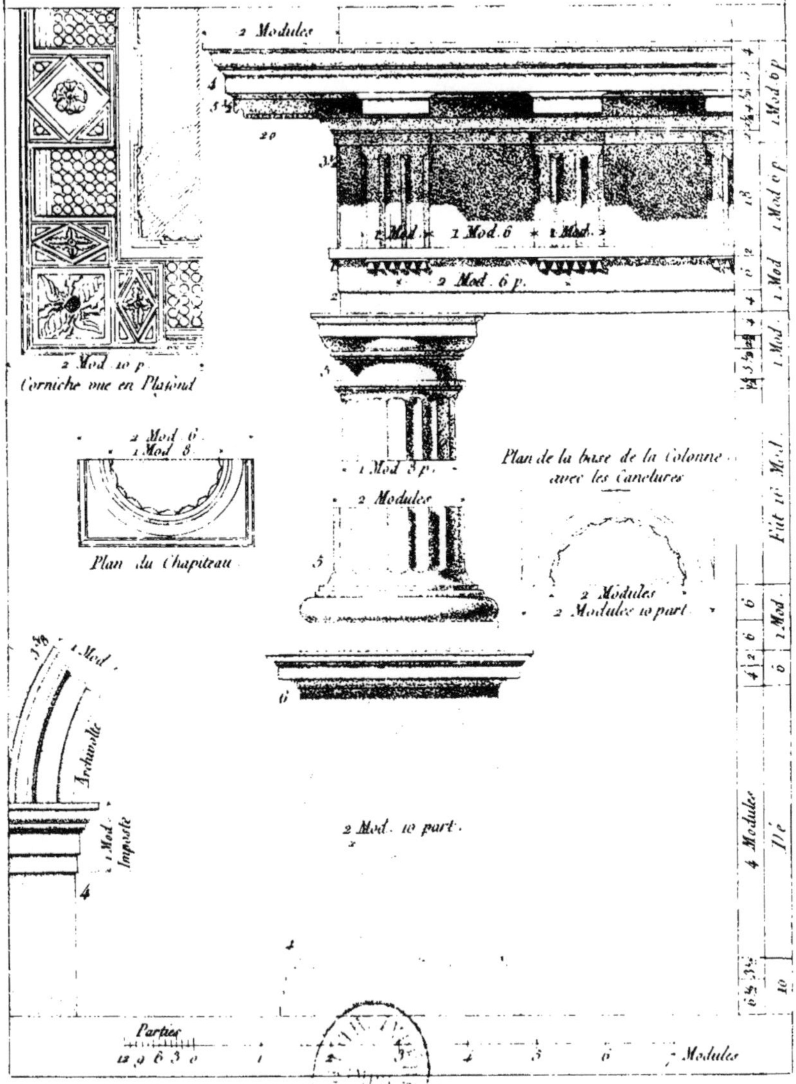

2 Modules

2 Mod. 1 Mod. 6 1 Mod.

2 Mod. 6 p.

2 Mod. 10 p.

Corniche vue en Plafond

2 Mod. 6.

1 Mod. 8

Plan du Chapiteau

1 Mod. 3 p.

2 Modules

Plan de la base de la Colonne avec les Canelures

2 Modules

2 Modules 10 part.

1 Mod.

Archivolte

1 Mod.

Imposte

2 Mod. 10 part.

1 Mod. 6 p.

1 Mod. 6 p.

1 Mod.

1 Mod.

Fût 16 Mod.

1 Mod.

4 Modules

Dé

Parties

12 9 6 3 0 1 2 3 4 5 6 7 Modules

Détails de l'Ordre DORIQUE mutulaire. Pl. 5

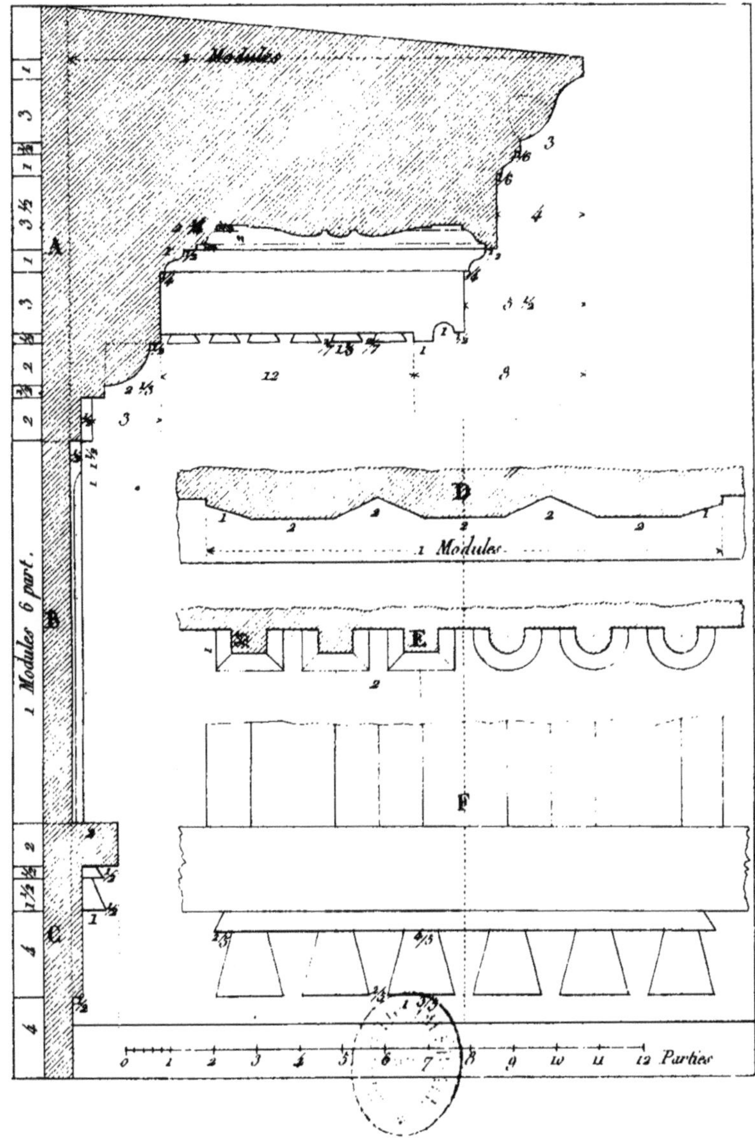

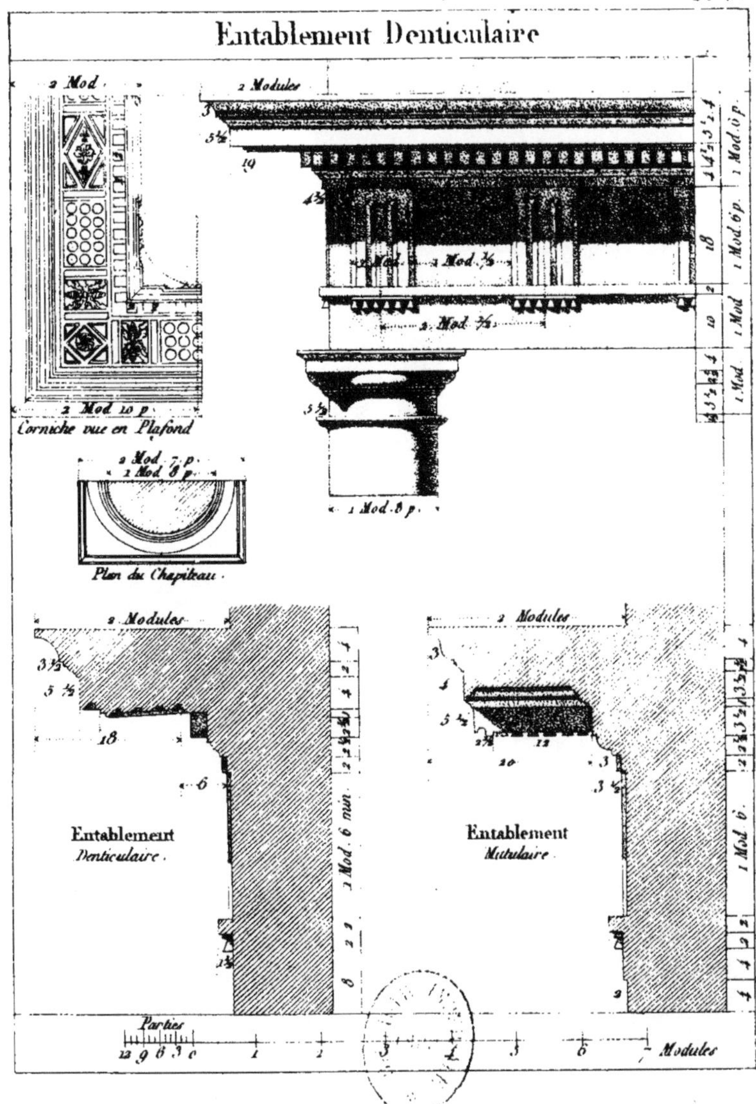
Entablement Denticulaire
2 Mod.
2 Modules
2 Mod 10 p.
Corniche vue en Plafond
2 Mod. 7. p.
2 Mod. 8 p.
Plan du Chapiteau.
1 Mod. 8 p.
2 Modules
2 Modules
Entablement
Denticulaire.
Entablement
Mutulaire.
1 Mod. 6 min.
1 Mod. 6.
1 Mod. 6 p.
1 Mod.
Parties
Modules

Détails de l'Ordre DORIQUE denticulaire.

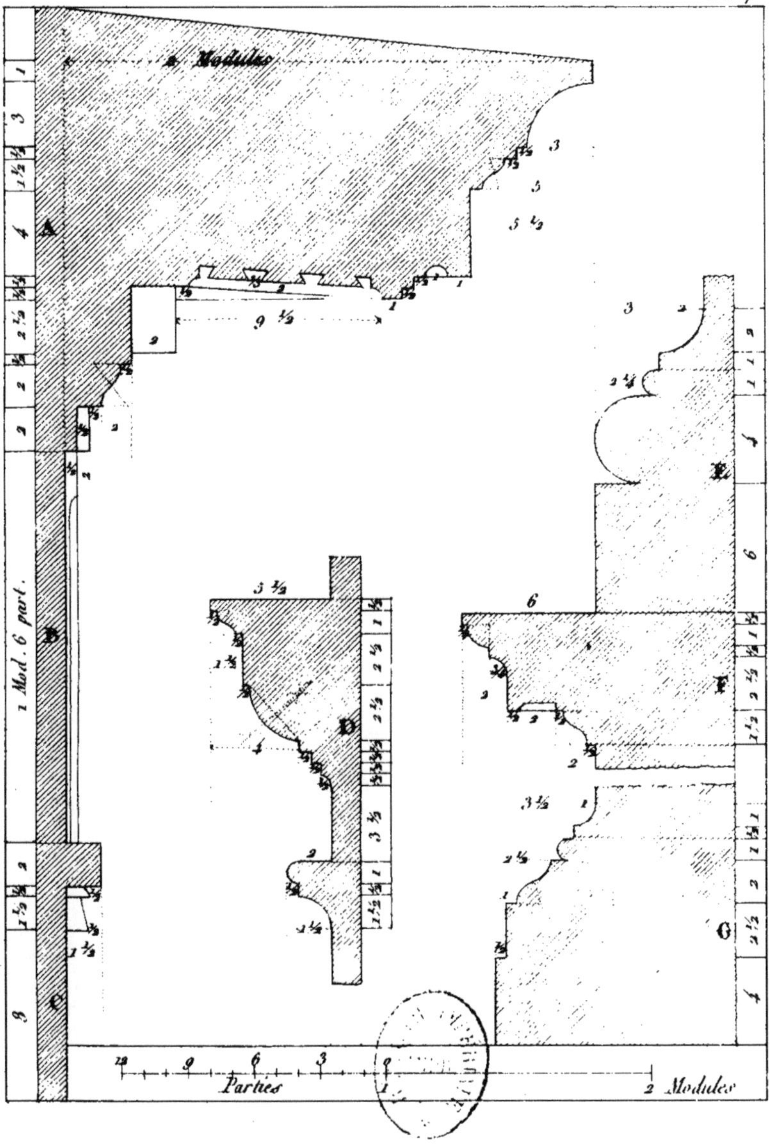

ORDRE IONIQUE.

Entablement et Piédestal.

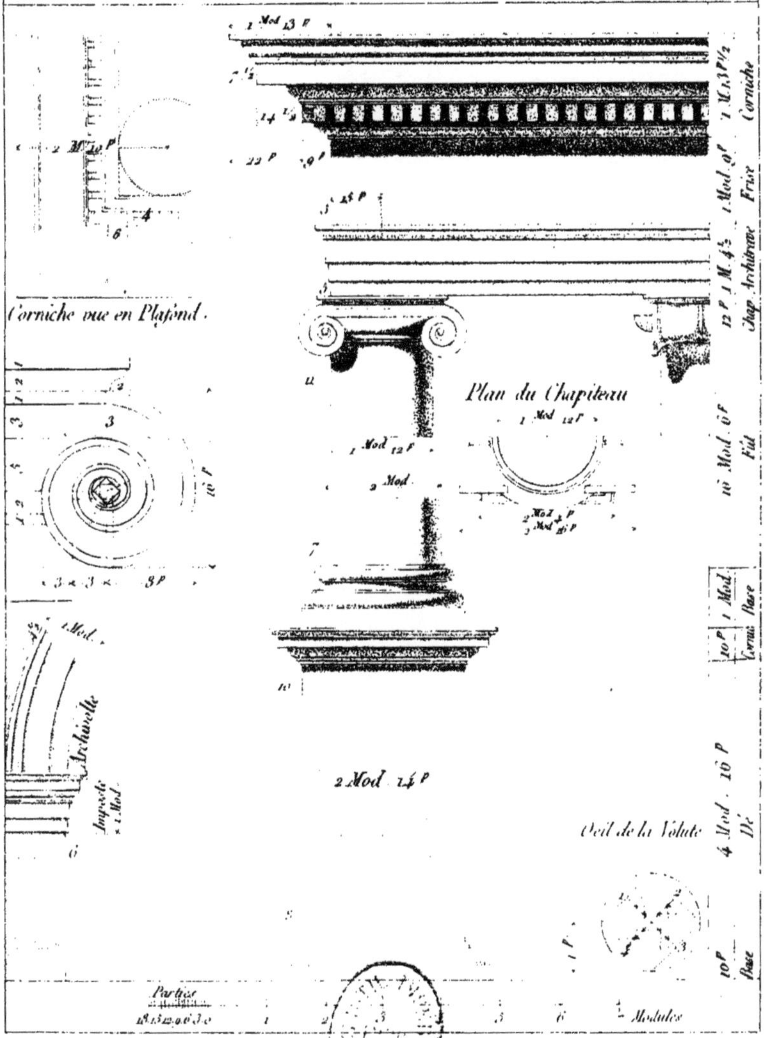

Corniche vue en Plafond.

Plan du Chapiteau

Archivolte

Imposte

Oeil de la Volute

Corniche

Frise

Archit.

Chap.

Fût

Base

Corniche

Dé

Base

Parties

Modules

Détails de l'Ordre IONIQUE. Pl. 9.

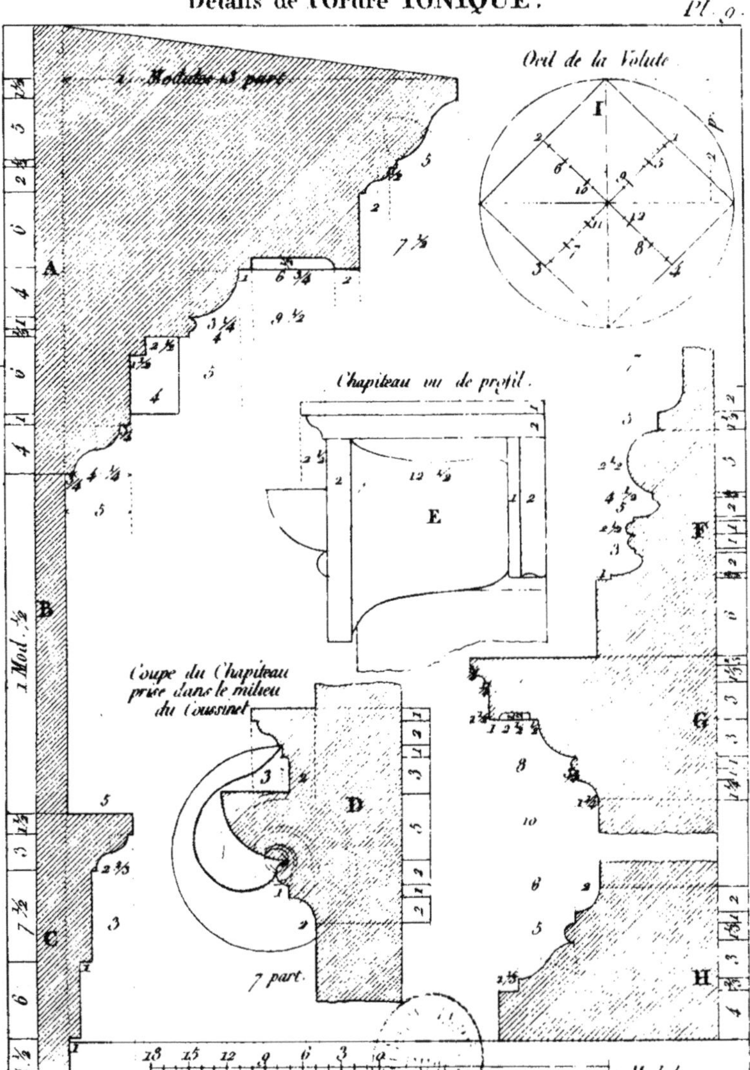

Tracé de la Volute IONIQUE et du Modillon CORINTHIEN. Pl. 10.

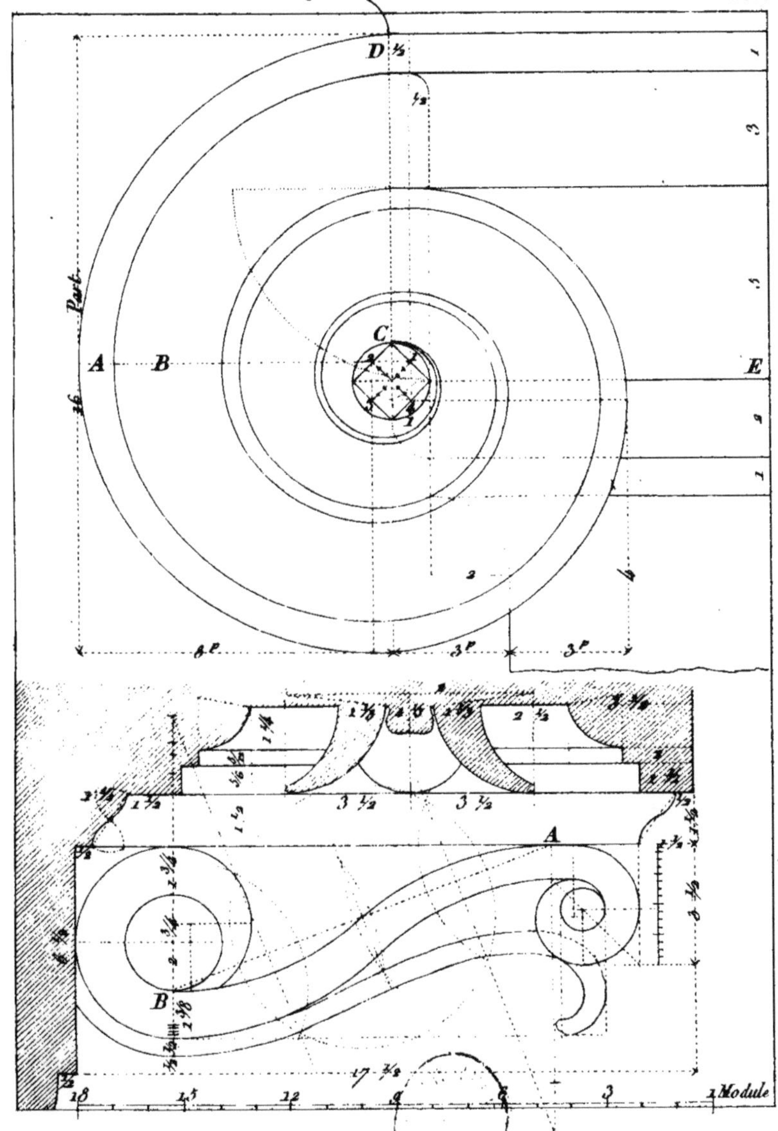

Entablement et Piédestal.

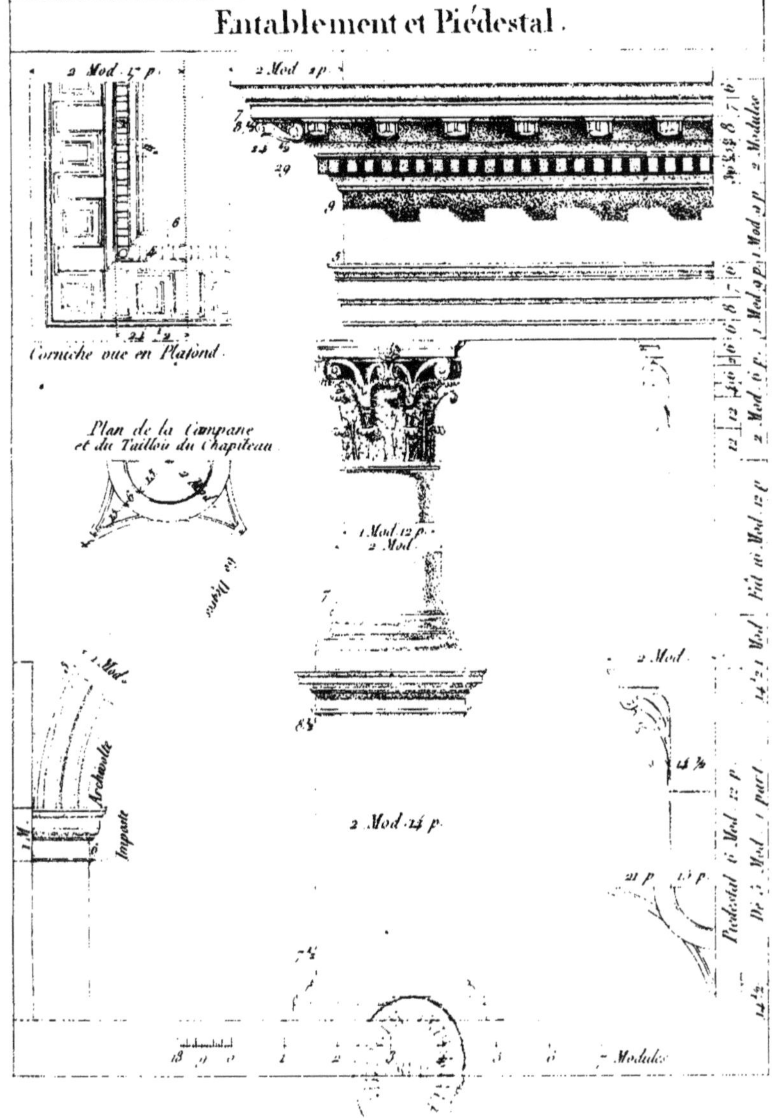

Détails de l'Ordre CORINTHIEN.

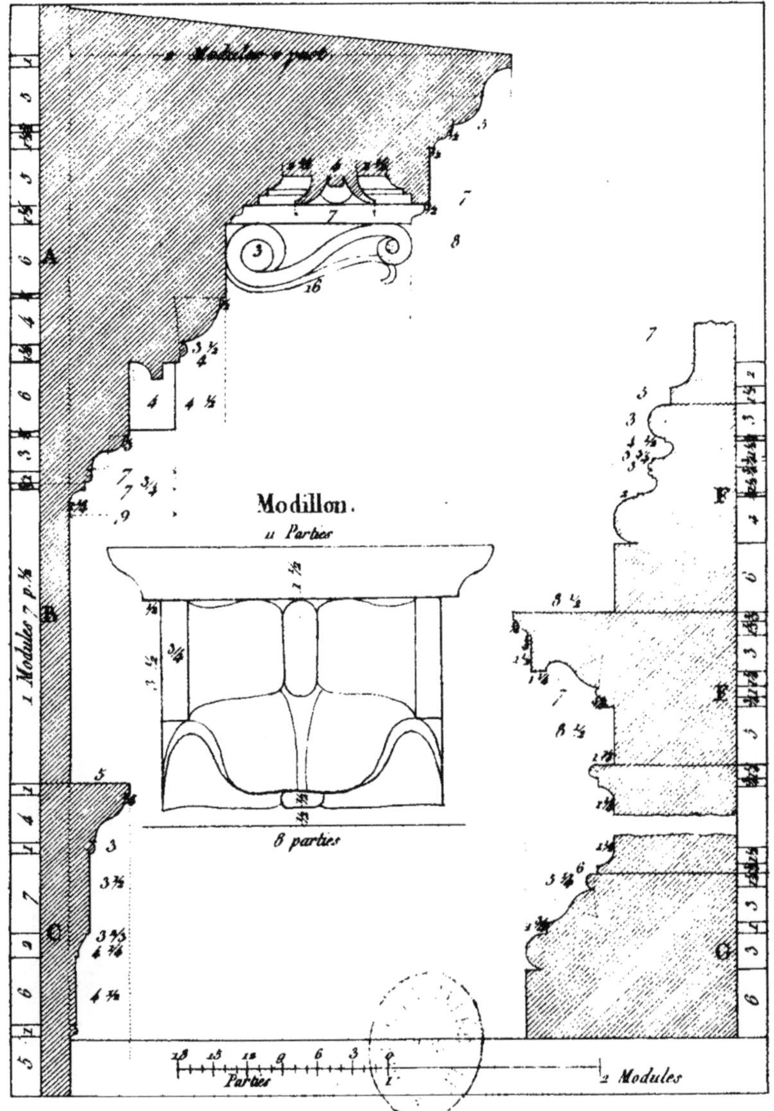

Chapiteau Corinthien vu de face et sur l'angle. *Pl. 13.*

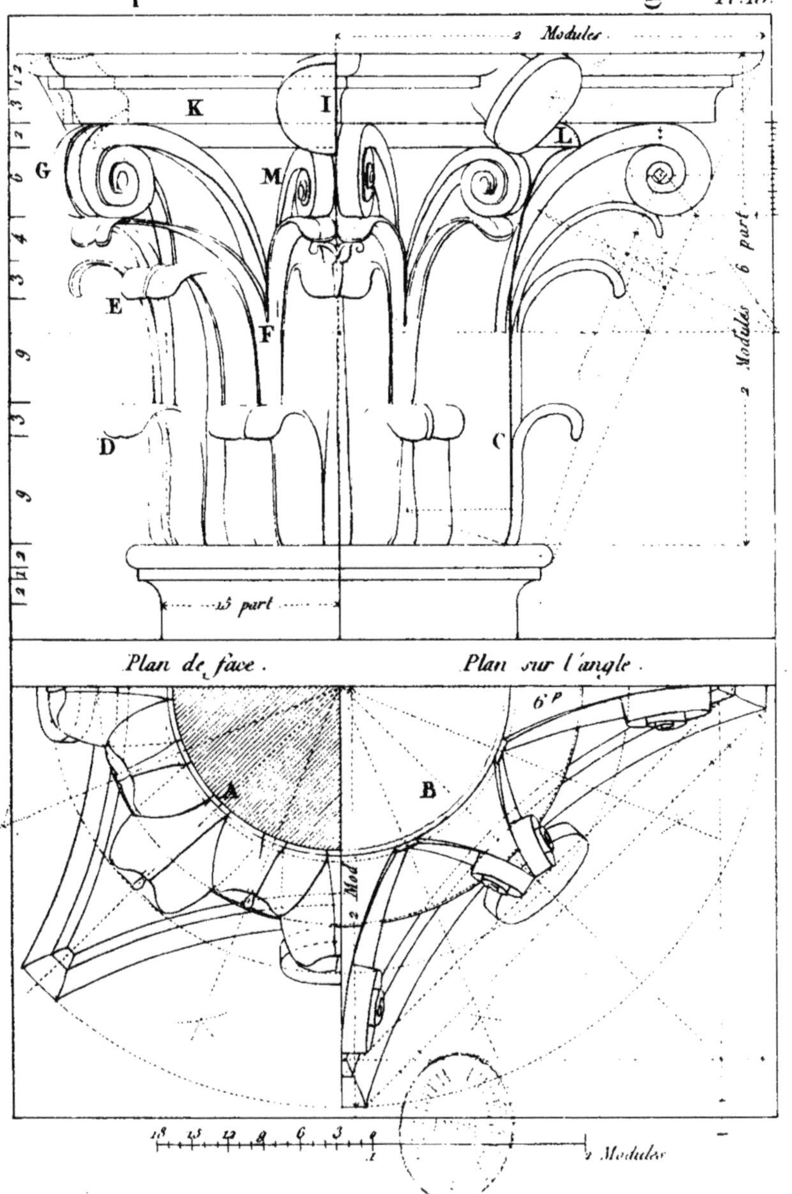

ORDRE COMPOSITE.

Entablement et Piédestal.

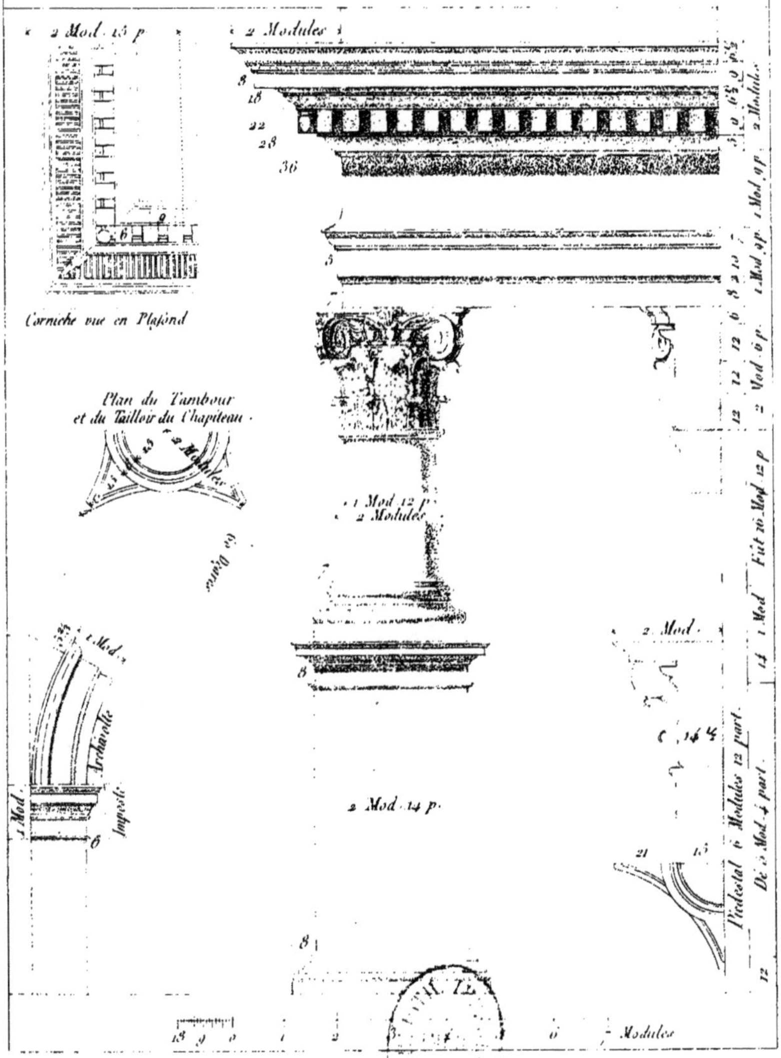

Détails de l'Ordre COMPOSITE.

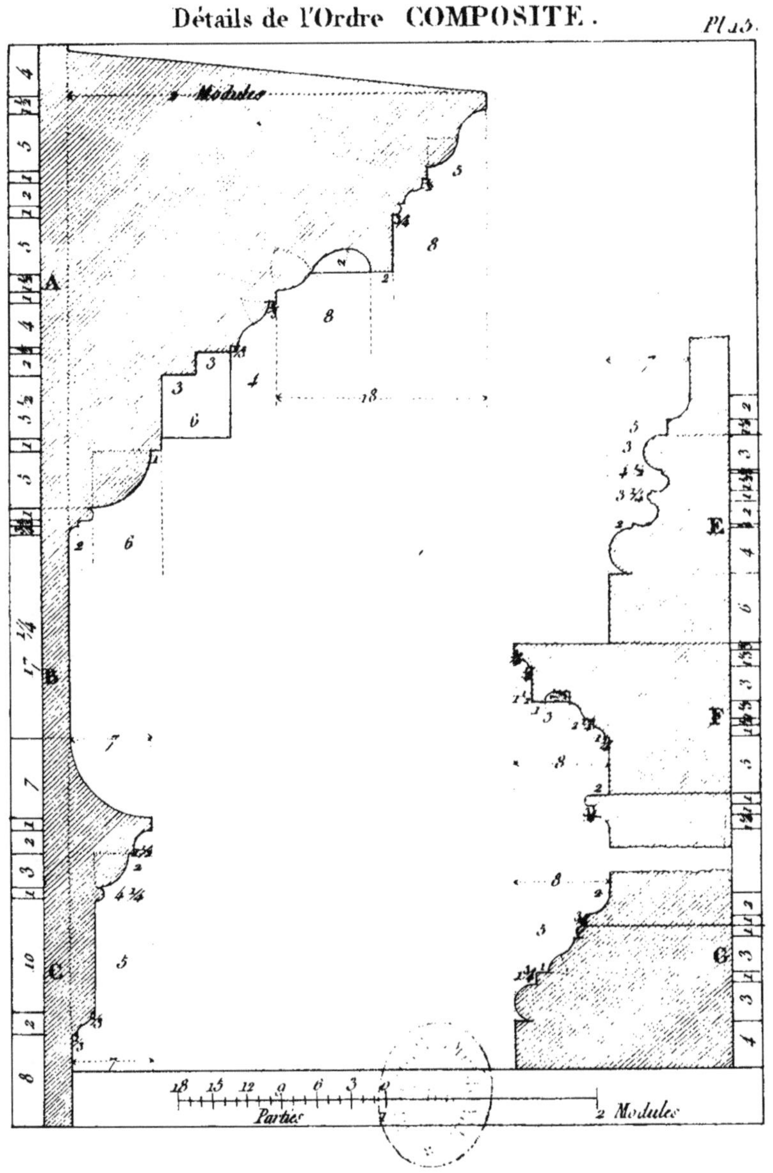

Chapiteau Composite vu de face et sur l'angle. *Pl. 16.*

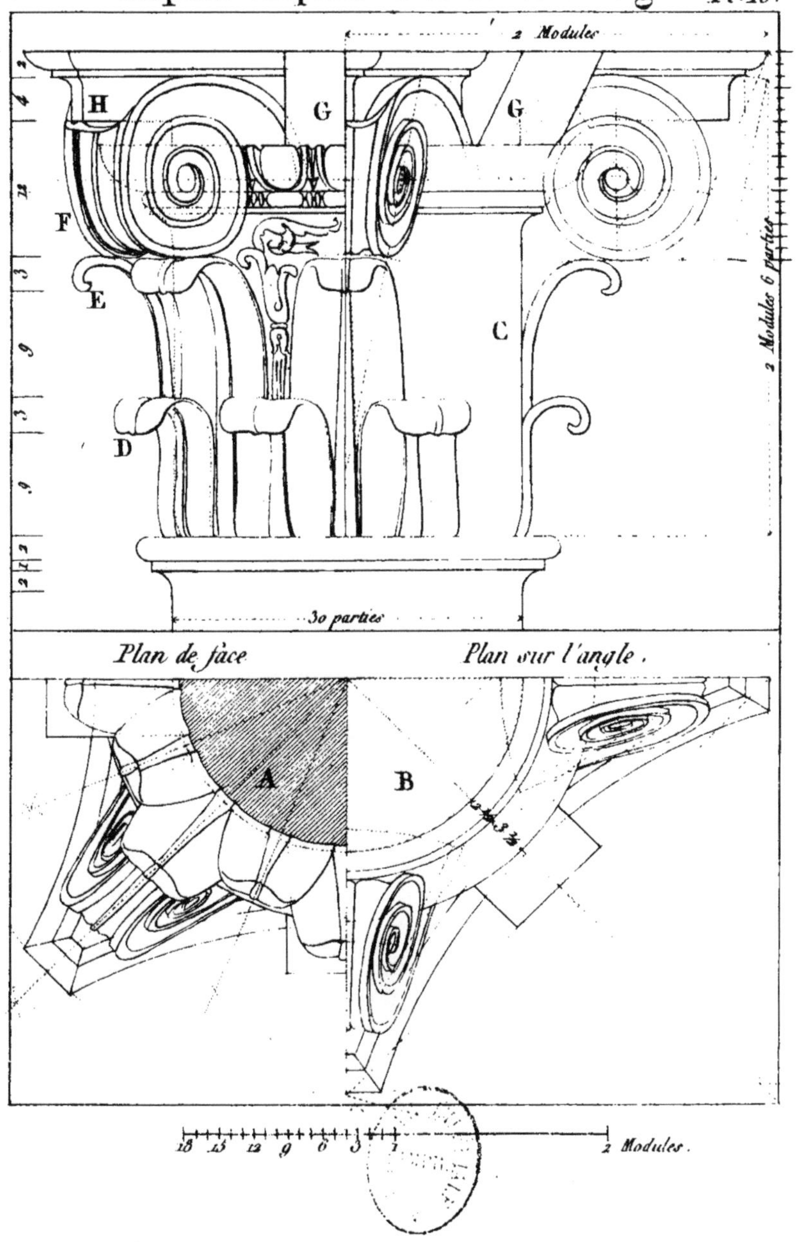

Gradation des ORDRES pour obtenir un accord proportionnel entr'eux.

Toscan.	Dorique.	Ionique.	Corinthien.	Corinthien de Palladio.

Entablement — 3 Mod. 6 part.

Colonne — 14 Modules

Piédestal — 4 Modules 8 p.

22 Modules 2 p. — 19 Divisions — 25 Modules 4 p. — 4 Mod. — 16 Modules — 5 Mod. 6 part.

19 Divisions — 28 Mod. 3 p. — 4 Mod. 9 part. — 18 Modules — 6 Modules

5 Mod. — 20 Modules — 6 Mod. 12 part.

4 Mod. 6 part. — 20 Modules — 5 Mod. 12 part.

1 2 3 4 5 6 7 8 9 10 Module.

Pour obtenir la gradation proportionnelle des Ordres, on prendra sur l'échelle de l'ordre Toscan déjà établie la longueur de 22 modules que l'on divisera en 20 ce qui donnera l'échelle pour déterminer la hauteur totale de l'ordre Corinthien.

0 1 2 3 4 5 6 7 8 9 10 11 12 Modules.

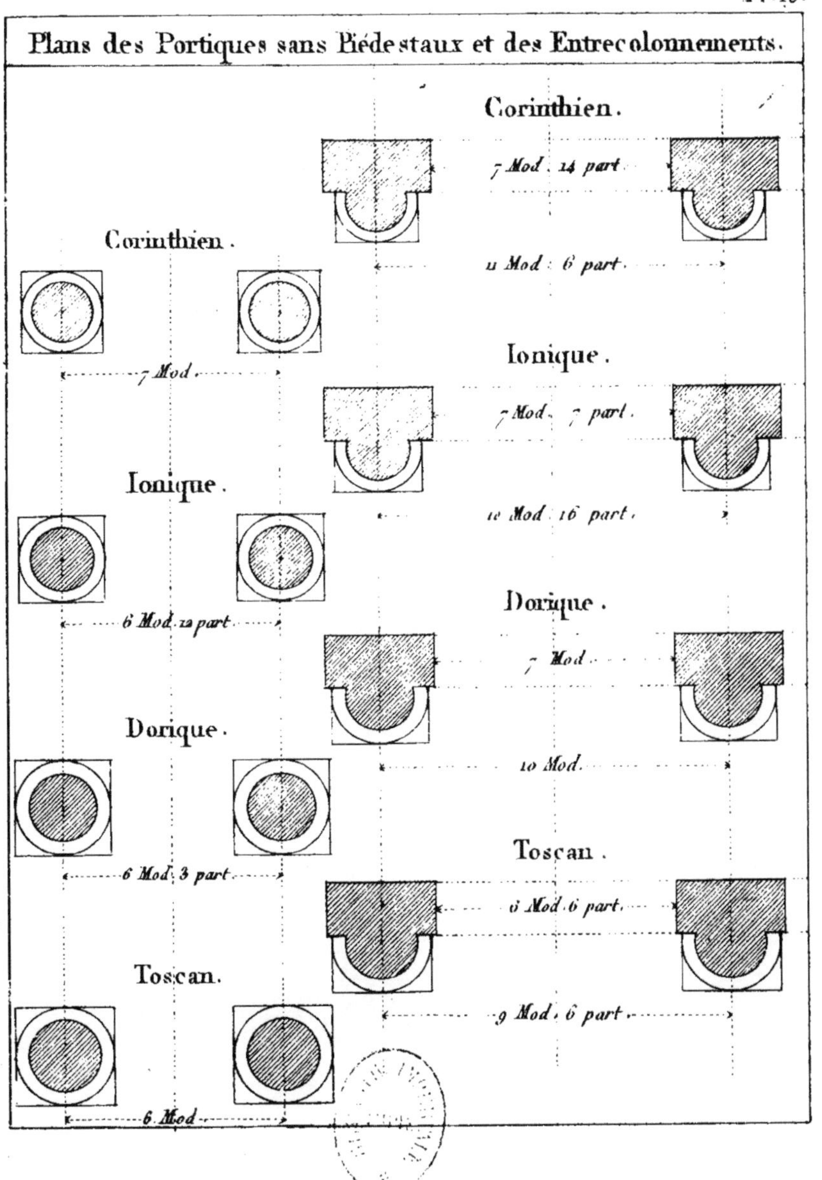
Plans des Portiques sans Piédestaux et des Entrecolonnements.
Corinthien.
7 Mod. 14 part.
11 Mod. 6 part.
Corinthien.
7 Mod.
Ionique.
7 Mod. 7 part.
10 Mod. 16 part.
Ionique.
6 Mod. 12 part.
Dorique.
7 Mod.
10 Mod.
Dorique.
6 Mod. 3 part.
Toscan.
6 Mod. 6 part.
9 Mod. 6 part.
Toscan.
6 Mod.

ORDRE TOSCAN.

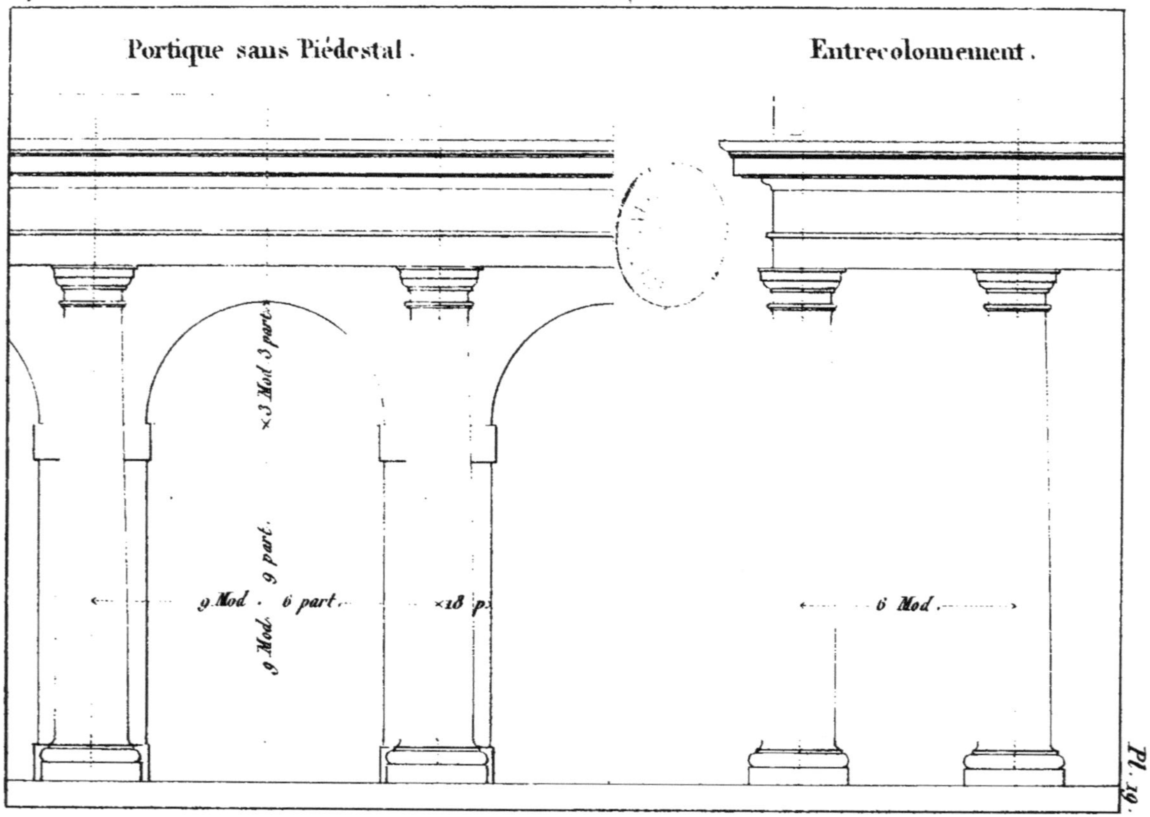

Portique sans Piédestal.

Entrecolonnement.

×3 Mod 3 part.

9 Mod. 9 part.

9 Mod. 6 part.

×18 p.

6 Mod.

Pl. 19.

ORDRE DORIQUE.

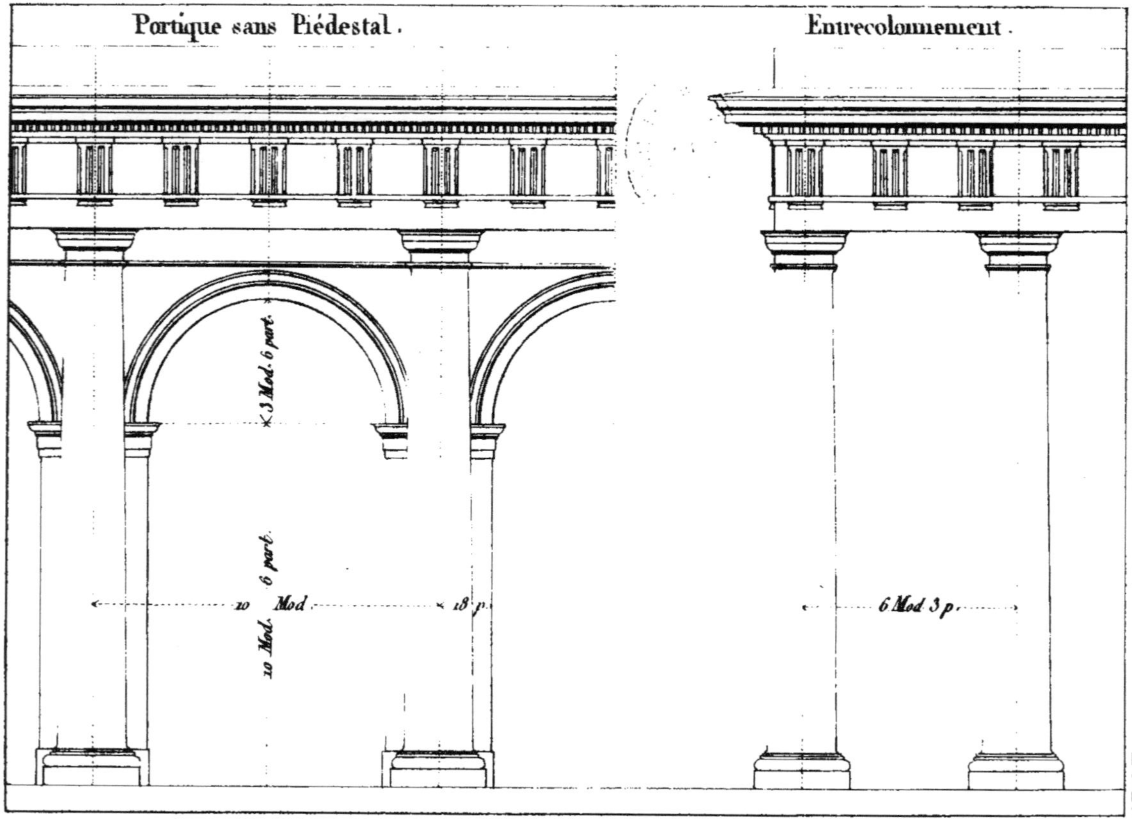

Portique sans Piédestal.

Entrecolonnement.

3 Mod. 6 part.

10 Mod. 6 part.

10 Mod. 18 p.

6 Mod. 3 p.

Pl. 20

ORDRE IONIQUE.

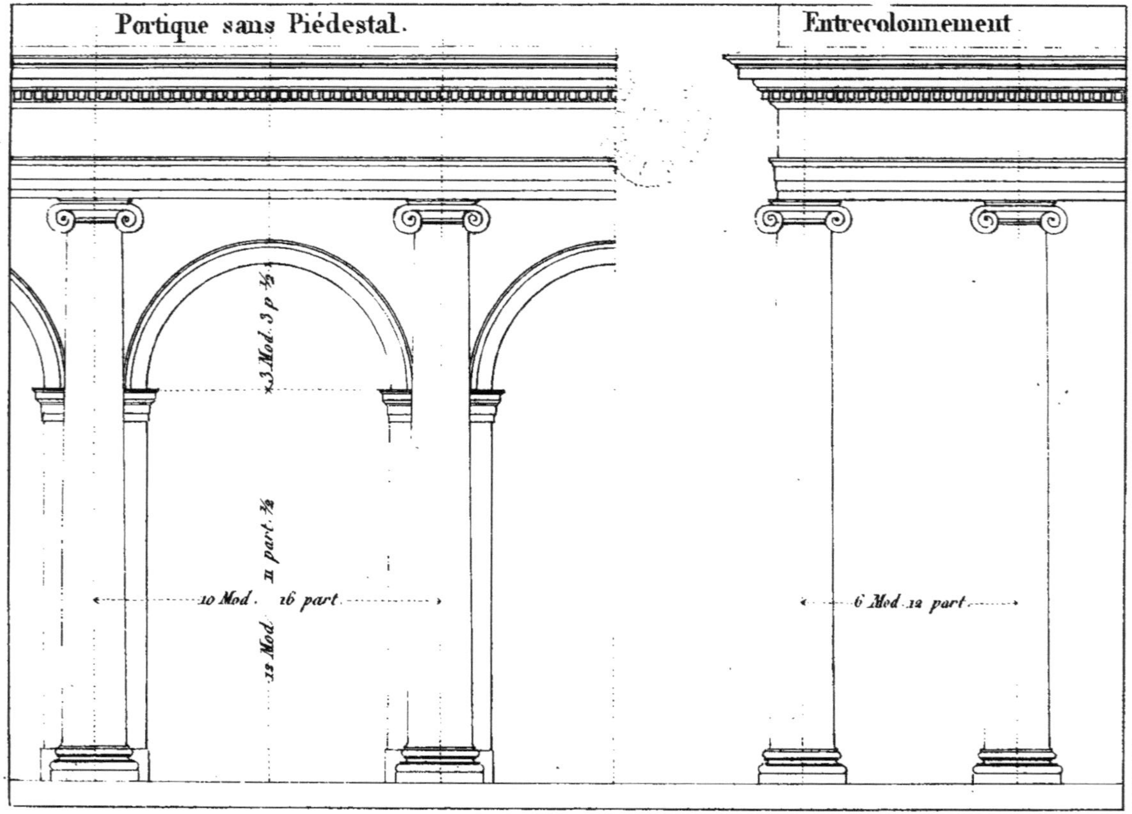

ORDRE CORINTHIEN.

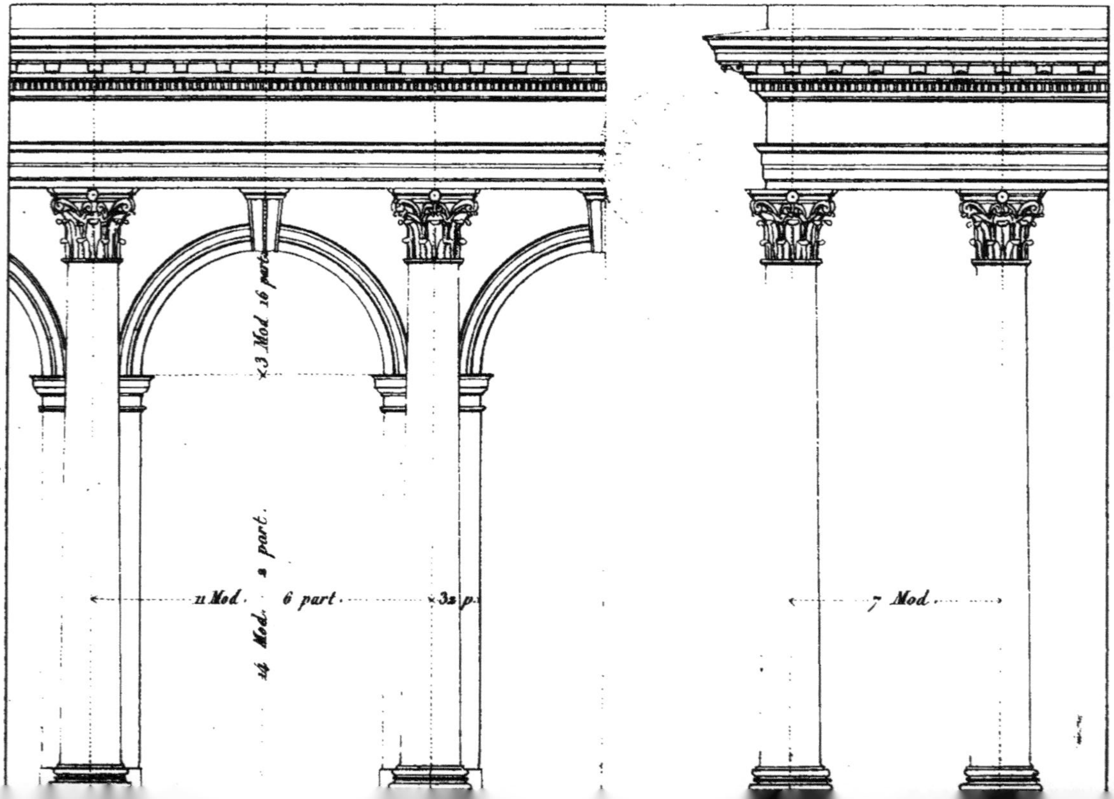

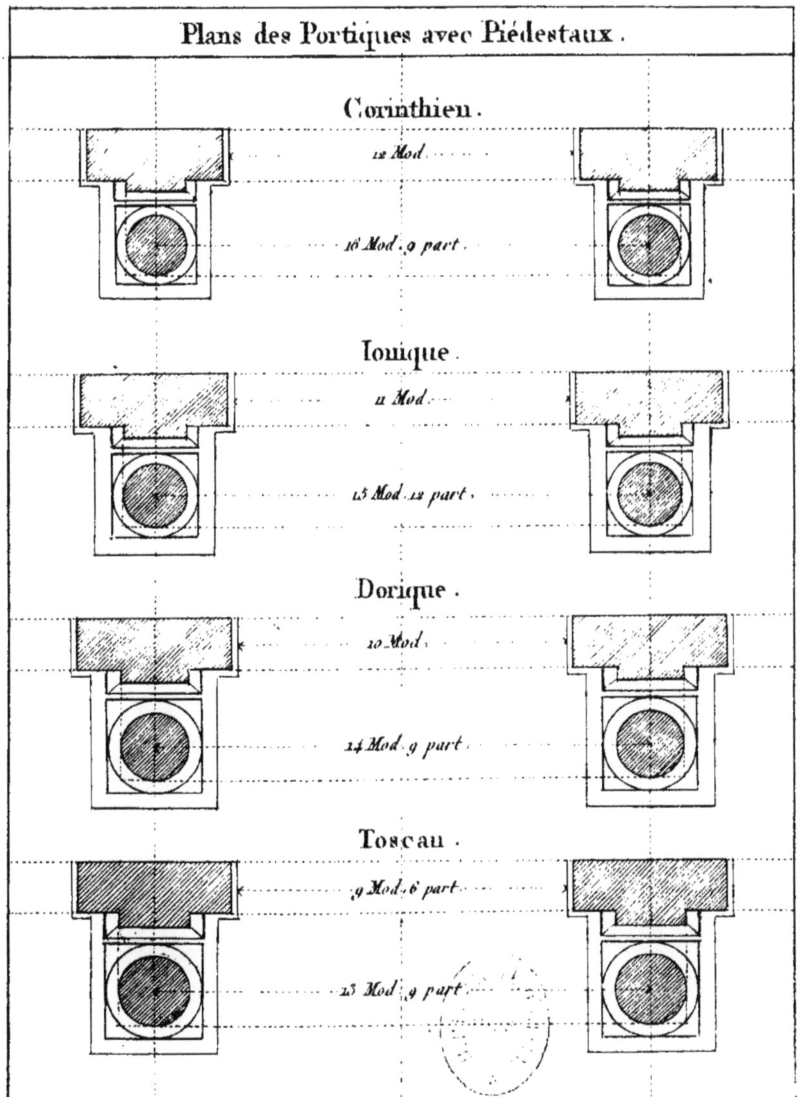
Plans des Portiques avec Piédestaux.
Corinthien.
12 Mod.
16 Mod. 9 part.
Ionique.
11 Mod.
15 Mod. 12 part.
Dorique.
10 Mod.
14 Mod. 9 part.
Toscan.
9 Mod. 6 part.
13 Mod. 9 part.

Impostes et Archivoltes des 5 Ordres.

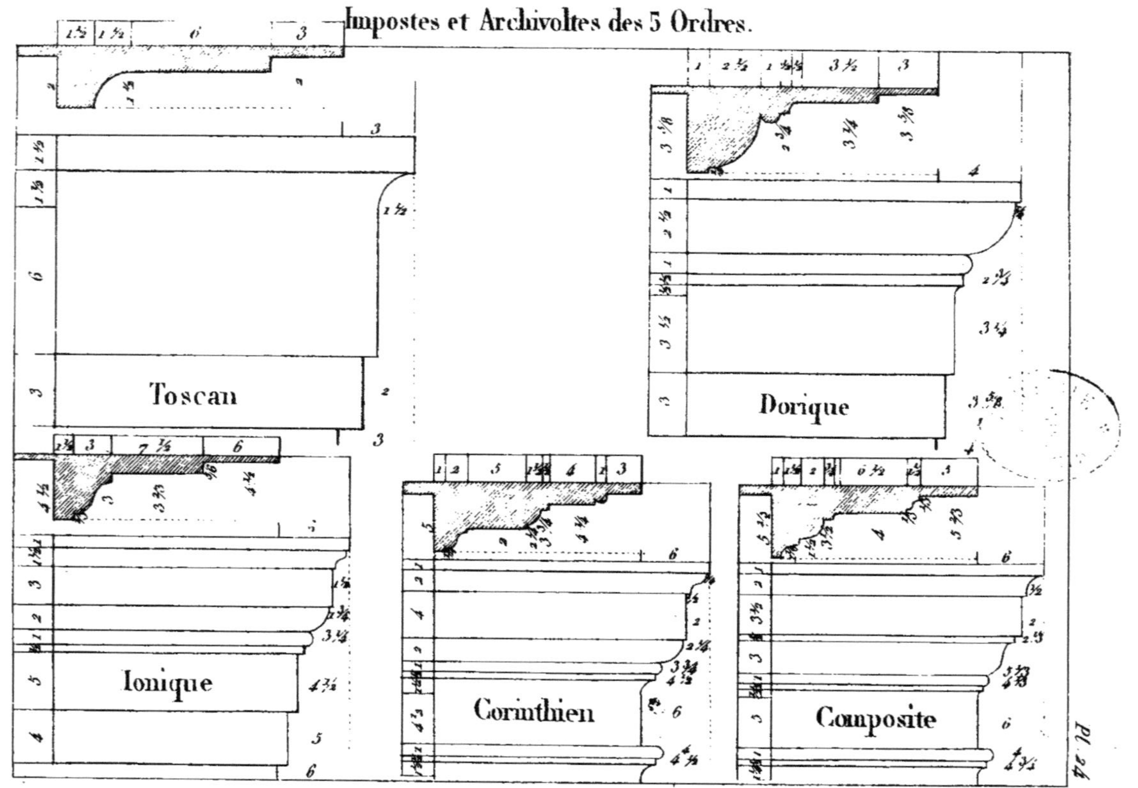

Pl. 24

Portique avec Piédestal.

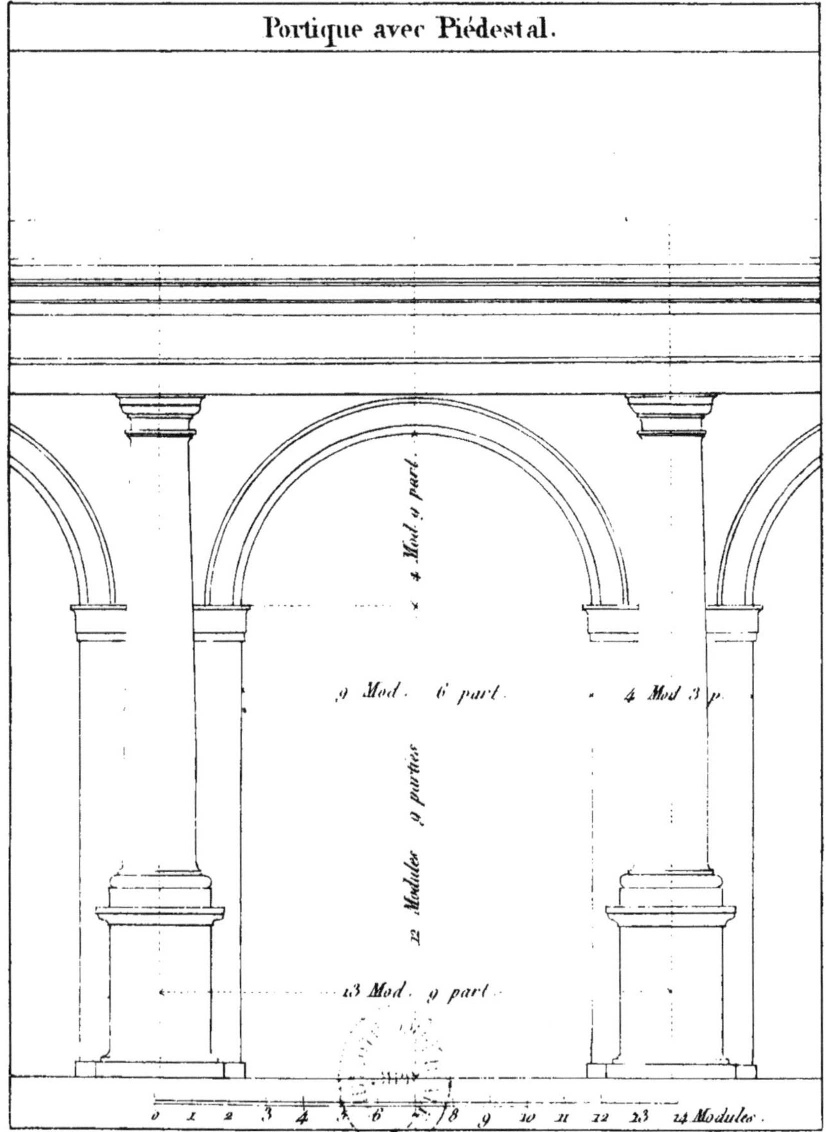

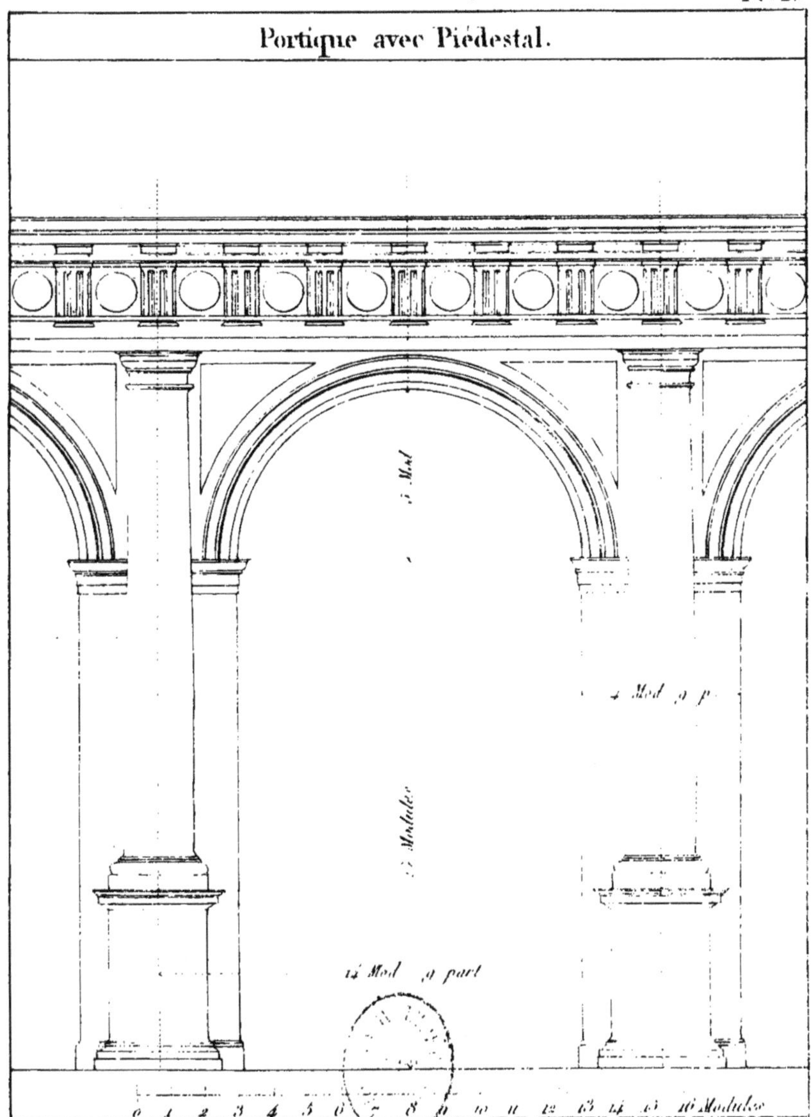
Portique avec Piédestal.
4 Mod 9 p
14 Mod 9 part
0 1 2 3 4 5 6 7 8 9 10 11 12 13 14 15 16 Modules

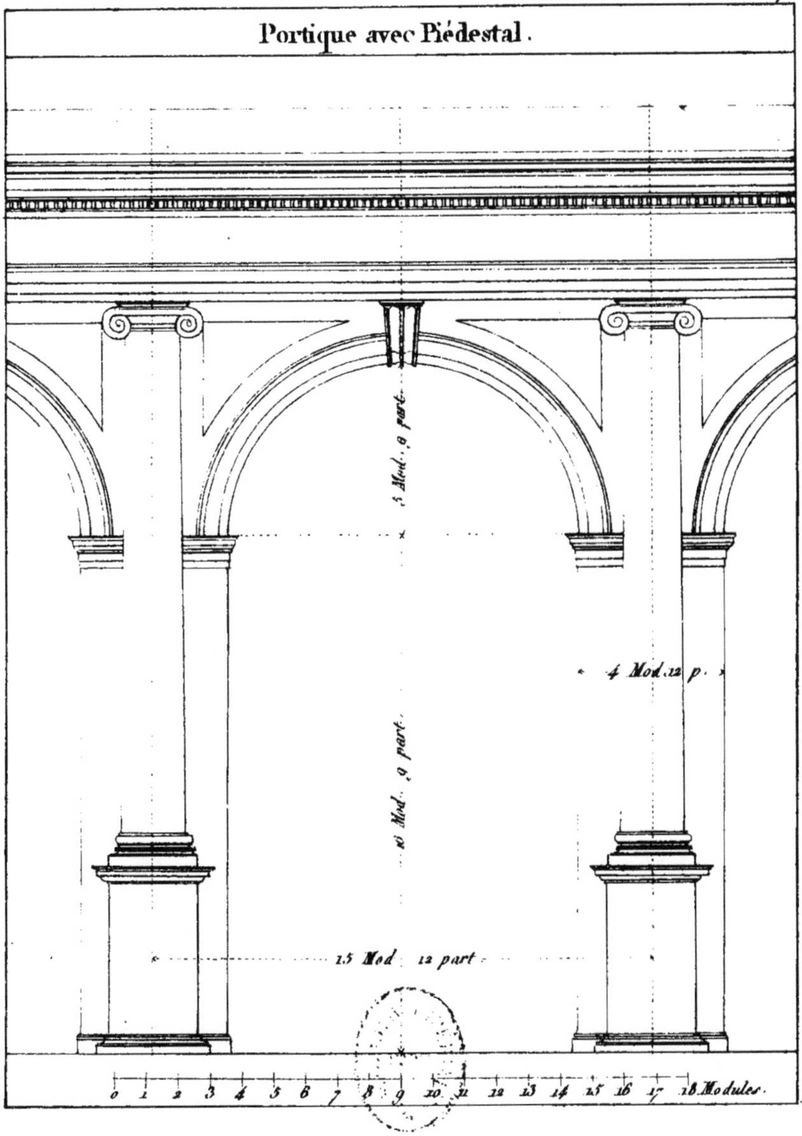

Portique avec Piédestal.

ORDRE CORINTHIEN. Pl. 28.

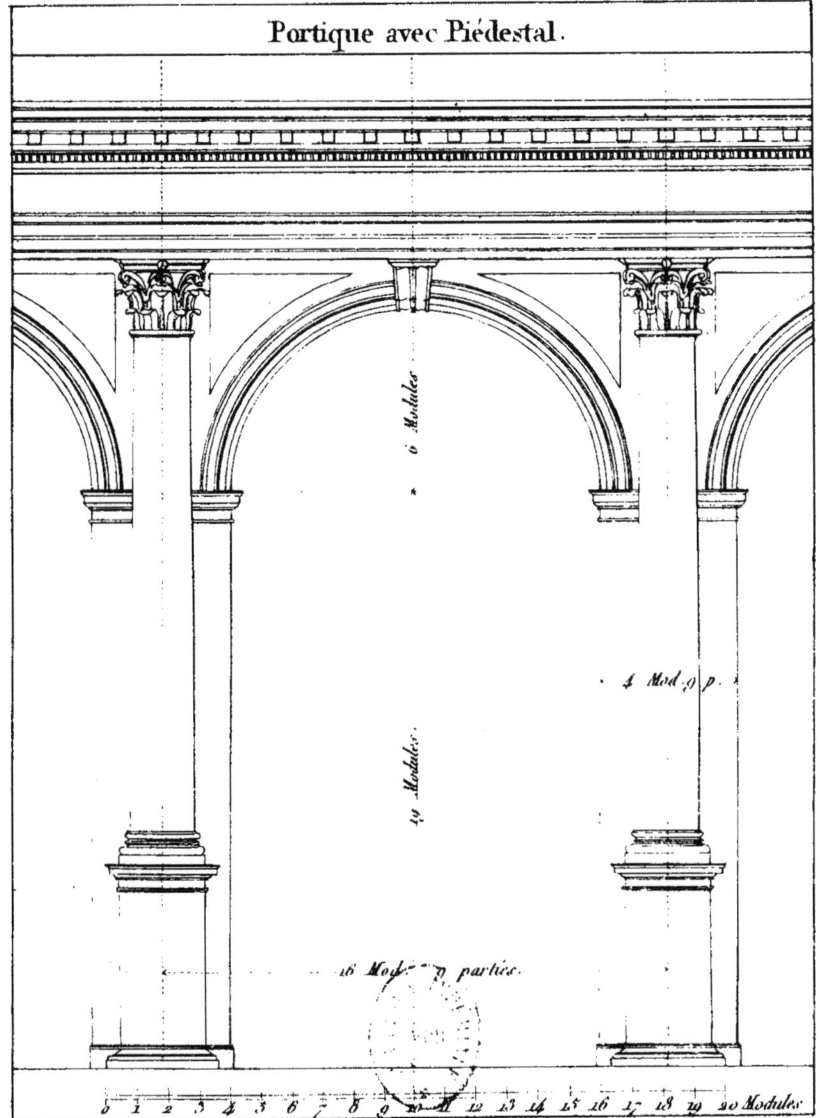

ORDRE PESTUM. Pl. 29.

Entablement et Plafond.

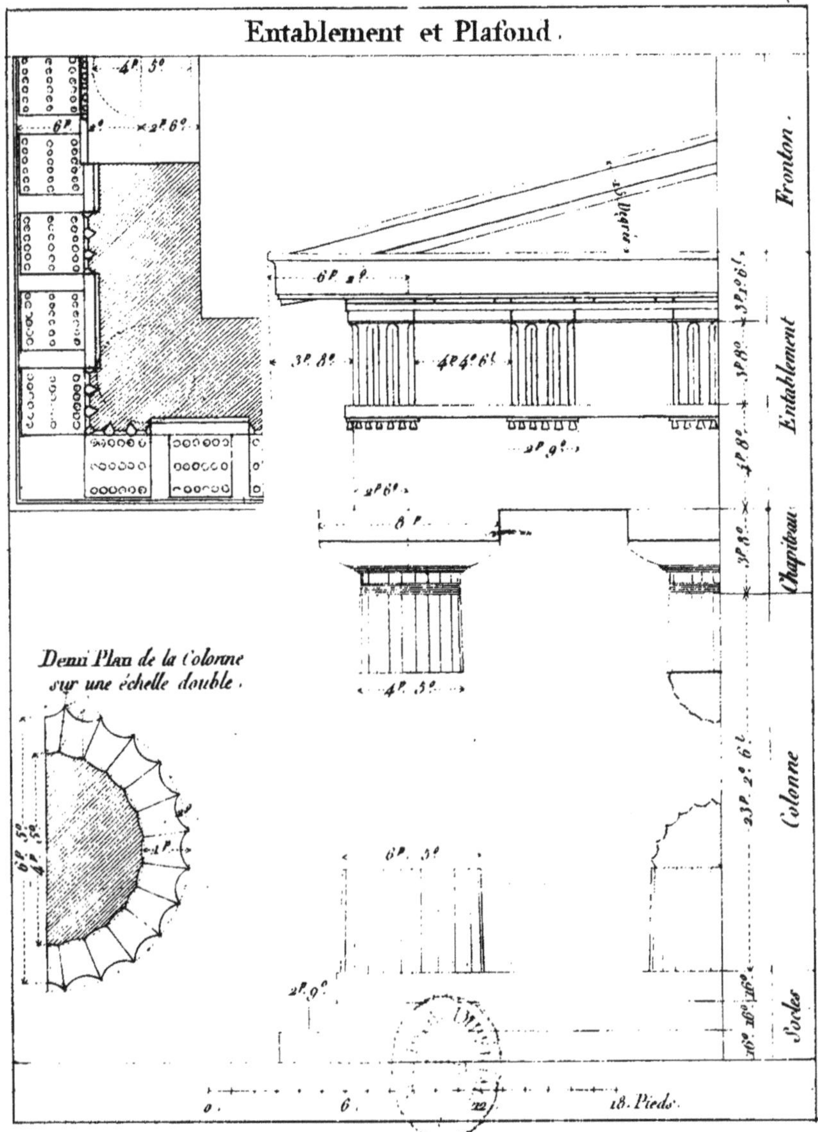

ORDRE PESTUM.

Détails de l'Entablement et du Chapiteau.

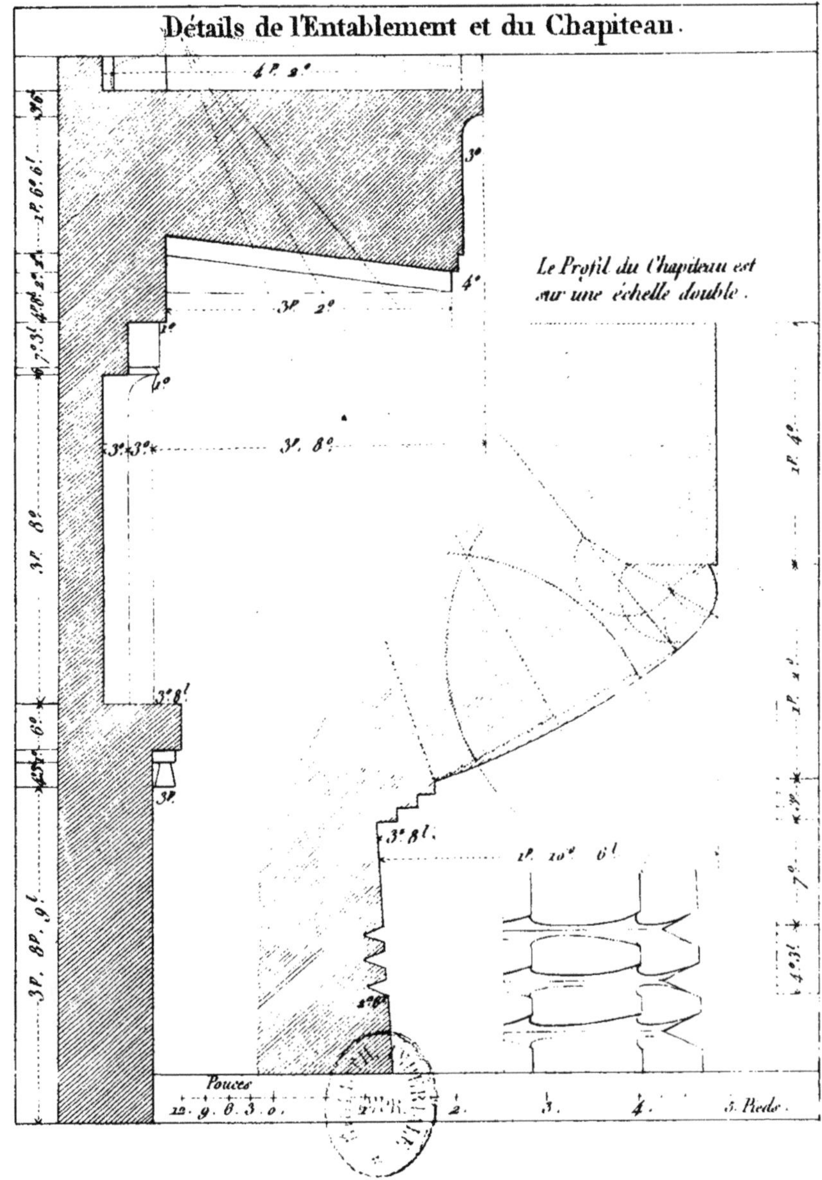

Façade d'un Temple de Pestum. *Pl. 31.*

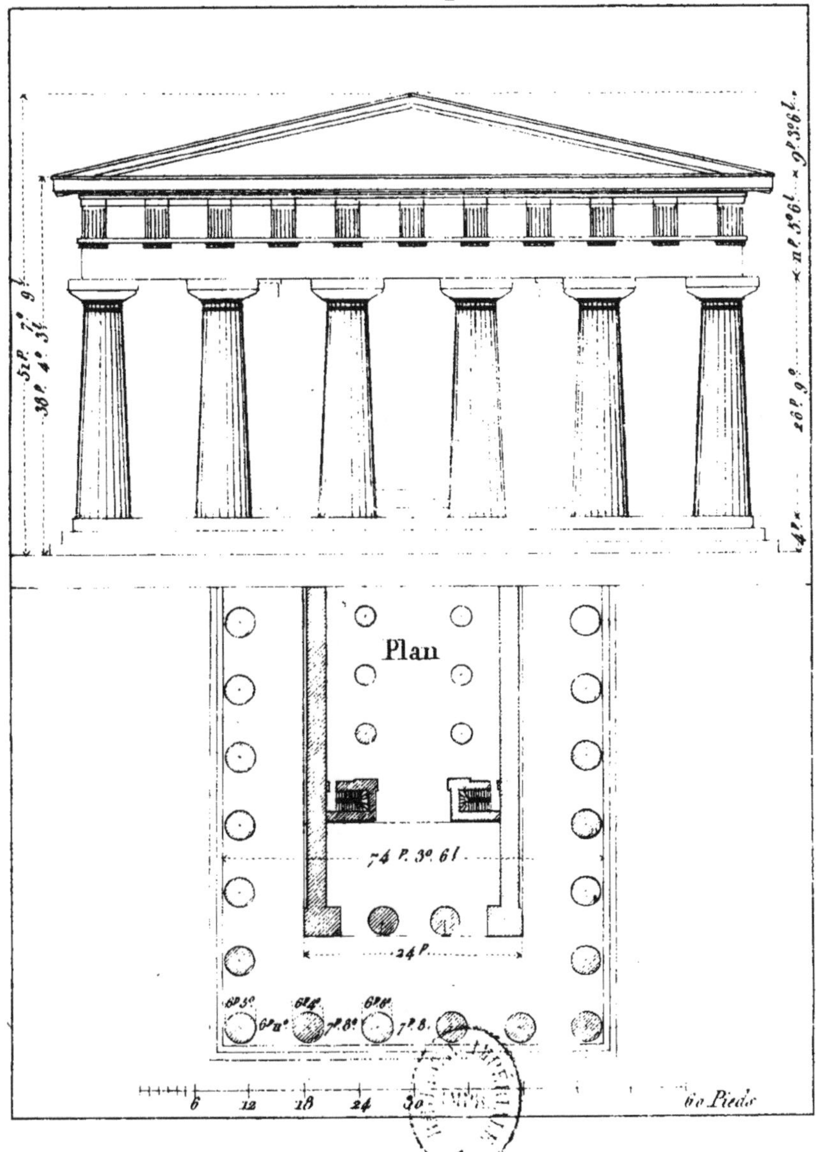

www.ingramcontent.com/pod-product-compliance
Ingram Content Group UK Ltd.
Pitfield, Milton Keynes, MK11 3LW, UK
UKHW020335180726
13839UKWH00002B/729

9 782329 576404